EMBRIGADÉE

Valérie de Boisrolin
avec la collaboration de
Sandra Logé et Florence La Bruyère

EMBRIGADÉE

DOCUMENTS

L'EXPRESS
PRESSES DE LA CITÉ

ISBN 978-2-258-12988-7

Presses de la Cité | un département **place des éditeurs**

place des éditeurs

Je dédie ce livre aux familles concernées, victimes d'une guerre qu'elles n'ont pas choisie, dont les enfants ont été tentés par un miroir aux alouettes, qui a déjà coûté la vie à beaucoup d'entre eux.
Ça n'arrive pas qu'aux autres...
Bien à vous

Valérie

Sommaire

Prologue

Deux ans déjà.

Deux ans que ma fille est partie.

Deux ans qu'elle a quitté la maison pour suivre un djihadiste.

Elle vit aujourd'hui avec lui en Syrie, dans le territoire contrôlé par l'organisation Etat islamique. Dans un village éloigné des lignes de front, mais dont les maisons portent les stigmates de la guerre. Je ne sais pas quand je la reverrai.

Les faits sont là. Bruts, incontournables. Impossible d'échapper à la réalité qui m'assaille tous les matins.

Le temps n'a pas atténué l'angoisse. Elle est là, tapie au fond de moi. Chaque jour, au réveil, je sens mon âme comme broyée dans un étau. Une douleur à la place du cœur. Petit à petit, je reprends mon souffle grâce à des exercices de méditation. Assise en tailleur sur mon canapé, les yeux fermés, je respire calmement pour sentir le flux de l'énergie circuler dans mon corps. Cela fait vingt ans que je pratique le bouddhisme. Plus qu'une religion, c'est pour moi une philosophie, un art de vivre. Cela me calme, me régénère et me redonne de la vitalité pour affronter le quotidien. Tous les matins, après avoir récité des mantras, je demande à Bouddha de prendre soin de ma fille et de tous ceux que j'aime. Jamais je n'aurais pu éloigner cette souffrance indicible qui m'étreint violemment, de plus en plus violemment même au fil des jours, des mois qui passent sans Léa, sans ce soutien spirituel.

Mais si rien ne peut me faire oublier ce jour qui a bouleversé ma vie, je sais qu'il faut tout faire pour vivre debout, faire face, avancer. Pour Léa. Pour les miens. Pour que cela ne se reproduise pas.

Notre fille a quitté le domicile familial le mercredi 5 juin 2013. Une belle journée ensoleillée que je revis chaque matin. Le temps était chaud et agréable, l'air embaumait les tilleuls en fleur. Partie, de son plein gré, avec toute l'assurance de ses seize ans.

Malgré la confiance et l'amour qui nous liaient à elle, l'éducation que nous lui avons donnée et les valeurs que nous lui avons transmises – la considération envers les parents, le respect de l'autre, la tolérance –, l'inconcevable est arrivé.

Prologue

Malgré mes pressentiments, et les rêves inquiétants qui me poursuivaient depuis quelque temps, jamais je n'aurais pu imaginer que nous allions vivre un tel cauchemar. Que nous allions être plongés dans une tourmente qui, évidemment, affecterait également nos proches. Rien ne laissait présager ce qui s'est produit. Notre histoire aurait pu arriver à n'importe qui. Nous sommes une famille comme bien d'autres : des parents aimants, un frère aîné qu'elle aimait beaucoup. Léa avait des camarades, des amis, elle n'a pas eu de problème marquant dans sa scolarité. Nous habitons dans une banlieue tranquille. Ma fille était une adolescente équilibrée. Aujourd'hui encore, les raisons qui l'ont poussée à partir restent en grande partie une énigme.

Je sais que bien des jeunes gens et des jeunes filles sont partis comme elle. Peu sont revenus, d'autres sont morts. Je veux raconter cette histoire pour que des parents, des frères, des sœurs, des amis sachent qu'on peut les aider à retenir ces enfants qui s'échappent de notre monde, de notre réalité, pour vivre un drôle de rêve.

1

Amours d'enfance

Avec sa silhouette élancée, ses jambes fines juchées sur de hauts talons, et ses longs cheveux châtains encadrant son visage menu qu'éclairent de grands yeux marron, Léa est une belle jeune fille de seize ans. Une adolescente affectueuse, qui, son sac à peine posé en rentrant du lycée, se précipite pour me raconter les derniers potins de sa classe tout en se préparant une tartine de Nutella.

Elle adore danser et nous montre des chorégraphies qu'elle invente sur les chansons de Rihanna et de Beyoncé. Assis sur le canapé du salon, son père et moi applaudissons.

Comme ses copines de classe, elle est souvent en jean moulant et en tee-shirt noir ou blanc, ses couleurs préférées.

Et comme toutes les jeunes filles, elle est en quête de l'amour avec un grand A.

Elle avait quinze ans quand elle est sortie pour la première fois avec un garçon. Grégoire était dans son collège et tous deux se connaissaient depuis longtemps ; deux ans auparavant, elle avait même eu un petit béguin pour lui. Elle ne m'en avait pas parlé à l'époque mais j'avais senti qu'elle admirait ce « grand » qui avait deux ans de plus qu'elle.

Là, c'était différent. Léa n'était plus un bébé mais une jeune fille amoureuse. « J'ai retrouvé Grégoire, je suis super contente ! » nous confiait-elle. Elle ne nous cachait rien de ses premiers émois. Assise à mes côtés sur le canapé, elle bavardait librement au téléphone avec lui. Ils se retrouvaient à la sortie du collège et se baladaient dans le parc alentour, la main dans la main. Un flirt romantique. Pour Léa, qui était très fleur bleue, pas question d'aller plus loin que des baisers.

J'étais d'autant plus contente de la voir heureuse que nous avions connu deux décès dans la famille qui l'avaient particulièrement touchée. Tout d'abord la grand-mère de mon fils s'est éteinte, en décembre 2010. Femme sensible et intelligente, Anna était pour moi une deuxième maman. Elle m'avait connue toute môme ; lorsque j'étais enfant, nous habitions en banlieue et nos familles étaient voisines. Nous sommes restées très liées, même après ma séparation d'avec son fils. J'allais parfois déjeuner chez elle avec Léa, et toutes deux s'aimaient beaucoup.

Au moment du décès d'Anna, Léa était en vacances en Suède avec ma belle-mère. Toutes deux séjournaient chez la sœur de mon mari, qui a épousé un Suédois.

A son retour de Scandinavie, Léa a tenu à voir la tombe d'Anna. Ensemble, nous avons acheté un joli petit bouquet avant de nous rendre au cimetière. Emue, les yeux brouillés par les larmes, elle a déposé les fleurs sur la tombe. A quatorze ans, c'était la première fois qu'elle était confrontée à la mort, et à la perte d'un être proche. Dans les semaines qui ont suivi, nous avons souvent évoqué ce deuil. Assise dans la cuisine pendant que je préparais le dîner, Léa me disait : « Elle est partie trop tôt, Anna… Elle était si gentille. Tu te souviens, quand tu venais me chercher au collège pour aller déjeuner chez elle ? » Et toutes les deux, nous évoquions ces moments avec nostalgie.

Un an plus tard, en janvier 2012, ma mère a été emportée par un cancer fulgurant. Originaire des Landes, c'était une femme de caractère. Elle avait quitté le domicile familial à dix-neuf ans, rompant avec sa propre mère, pour suivre des études d'infirmière à Paris. Courageuse et pleine de vie, elle avait son franc-parler. Et c'était une grand-mère en or… Elle s'est occupée de Léa dès qu'elle a eu trois mois. Mes parents vivaient à dix minutes en voiture de chez nous et je déposais ma fille chez eux sur le chemin du bureau. Lorsqu'elle est entrée en maternelle, ils allaient la chercher pour la faire déjeuner chez eux. Léa adorait cette mamie gâteau qui lui achetait son sirop et sa tablette de chocolat préférés, et lui préparait des merveilles, une spécialité landaise. Les yeux arrondis de gourmandise, Léa se régalait de ces délicieux beignets saupoudrés de sucre glace pendant que sa mamie Josette lui racontait des histoires. D'un naturel enjoué, cette dernière n'avait pas sa langue dans sa poche. Elle lui relatait des anecdotes sur sa vie de jeune fille pendant la guerre, sur ses amoureux. Sa poupée contre son cœur, Léa buvait ses paroles. Un jour, en rentrant du travail, j'ai entendu de la musique. Dans le salon, un disque tournait sur le pick-up ; ma mère dansait un rock endiablé... avec la petite qui riait aux éclats !

Sa disparition a bouleversé Léa. Elle était effondrée, totalement perdue, je ne parvenais pas à la réconforter. La mort, jusqu'alors lointaine et abstraite, avait fait irruption dans son monde à deux reprises et elle devenait une réalité tangible, palpable. Jusque-là, Léa n'avait pas donné de sens à ce concept. Dans l'univers de l'enfant, tout est éternel. Ce monde de certitudes s'est écroulé comme un château de cartes lorsque

Léa a réalisé que ses parents disparaîtraient un jour. « Mais toi, maman, tu peux mourir ? Et papa aussi ? » questionnait-elle, comme l'aurait fait une toute petite fille.

Je la comprenais et me disais, sans trop m'inquiéter, que sa peine s'atténuerait avec le temps. Je tentais de l'apaiser. « Tu sais, mamie préférait peut-être partir plutôt qu'on la voie affaiblie par la maladie. Elle avait quatre-vingts ans, elle était arrivée au bout du chemin… » Mais Léa a éprouvé du chagrin pendant plusieurs mois. Elle fondait parfois en larmes soudainement. « Je pense à mamie. »

Mais au printemps, elle est tombée amoureuse de Grégoire et s'est sentie épaulée, réconfortée. Cela ne lui a pas fait totalement oublier sa peine mais l'a aidée à surmonter le deuil. Elle a retrouvé le sourire. Le jeune homme n'est jamais venu chez nous. « Pas de garçons à la maison », disait mon père qui m'a élevée selon des principes très stricts. J'ai adopté la même règle avec ma fille. Il n'empêche que je connaissais Grégoire et que j'avais confiance en lui. Il l'a emmenée à Paris. Tous deux ont flâné sur le pont des Arts et fait une promenade en bateau-mouche. De vrais tourtereaux ! Malheureusement, le romantisme de leur relation s'est terni le jour où, très maladroitement, il lui a fait des propositions sexuelles.

Choquée, Léa a refusé et a préféré rompre avec lui, car elle ne se sentait pas prête à sauter le pas. Peur de quitter le cercle de l'enfance pour un monde inconnu, d'accomplir un acte lourd de mystères. C'est sur un ton réprobateur qu'elle me parlait d'une élève de son collège qui n'avait pas peur de coucher avec un garçon. « Tu te rends compte, me disait Léa, indignée qu'une adolescente aussi jeune soit passée à l'acte. Elle a commencé à l'âge de treize ans ! »

De plus, Léa craignait que Grégoire ait d'autres amies, et cette inquiétude la rongeait.

Ma fille, très prude, pensait que le premier avec qui elle ferait l'amour serait l'homme de sa vie. Comme beaucoup d'adolescents, Léa pouvait être très sérieuse ou carrément bébé selon les moments, et versatile dans ses goûts ou ses passions, mais elle n'a jamais changé d'idée sur ce point. Loyale et fidèle en amitié dès son plus jeune âge, elle envisageait l'amour sous le même angle. Quand elle faisait ce genre de déclaration, je me moquais d'elle gentiment, je l'appelais « sœur Léa ». Elle était persuadée que le premier homme auquel elle s'attacherait serait le dernier. Ce qui d'ailleurs suscitait l'admiration de son frère, Sébastien. Il trouvait que Léa se comportait de manière plus respectable que la majorité des jeunes filles. Je la comprenais aussi : quelle jeune fille ne rêve pas d'un amour qui dure toute la vie, de se voir éternellement belle dans le regard de l'autre ? Je la mettais gentiment en garde. « Tu sais, les séparations dans les couples ne sont pas toujours liées au manque d'amour. Parfois ce sont les situations qui provoquent les ruptures, *a fortiori* quand le couple se forme très jeune. » Je lui rappelais ma propre histoire, mon premier compagnon, le père de Sébastien, rencontré l'année de mes seize ans, le rêve de finir notre vie ensemble. « Avec moi, ce n'est pas pour trois jours, c'est pour de bon ! » lui avais-je dit. Puis la fin du rêve, la séparation.

« Profite de la vie : à seize ans, il faut s'amuser avec ses copains et ses copines », disais-je. Je ne lui permettais cependant pas de sortir en boîte, la trouvant trop jeune. Je lui apprenais aussi à se faire respecter en lui expliquant l'importance de la tenue et – tout aussi primordial – de la manière de parler et de se comporter. Certaines jeunes filles s'habillent très court et ont mauvaise réputation tandis que d'autres seront respectées même si elles sont en minijupe, parce qu'elles se tiennent et s'expriment correctement. C'est ma manière de voir les choses.

Suite à sa rupture avec Grégoire, elle a décidé de surfer sur Internet. « Je me suis inscrite sur un site de rencontres. J'ai parlé à un type sympa, c'est un Arabe, m'annonce-t-elle début octobre.

— Tu n'es pas bien ? Je ne veux pas que tu fasses des rencontres sur Internet.

— Mais il ne me plaît pas physiquement, j'ai vu sa photo. C'est juste un copain. De toute façon, c'est pour rigoler ! Pour embêter Grégoire. »

Elle veut piquer la susceptibilité de Grégoire et le rendre jaloux, m'explique-t-elle. Elle a cette attitude très adolescente qui consiste à envisager la jalousie comme une preuve d'amour. Je l'en dissuade. « Tu sais, il va falloir que tu grandisses un peu car ce comportement est destructeur, l'amour ne naît pas forcément ainsi. »

2

Histoires de famille

Un coin paisible de la région parisienne, en banlieue est. Les rues jalonnées de prunus alignent sagement leurs pavillons à un étage. C'est un univers tranquille que le nôtre. Un quartier sans problèmes, où l'on se salue cordialement entre voisins. Thierry, mon mari, sa mère et moi partageons une maison, flanquée d'une courette à l'avant et d'un grand jardin à l'arrière où l'on n'entend que les oiseaux. Notre terre-neuve, Kaya, et les deux chats y sont heureux comme des rois ; les herbes folles poussent entre les tulipes et les roses, et l'érable et le sapin prodiguent une ombre fraîche en été.

Léa aimait beaucoup s'occuper du jardin avec son père. A genoux dans l'herbe, l'air concentré, elle mettait en terre des jeunes pousses. Elle voulait un olivier et un mirabellier, Thierry les a plantés pour elle.

Je la revois jouant avec sa chienne. Dès qu'il faisait beau, elle me disait : « Viens, maman, le soleil est là ! » et elle s'installait dans un transat pour se faire bronzer, ses écouteurs branchés sur son portable. Le jardin semble bien silencieux sans elle.

La famille de mon mari vient de la région parisienne. Une famille catholique mais peu pratiquante. J'ai des origines métissées car mon père est guadeloupéen. Léa a donc un quart de sang créole dans les veines, c'est une quarteronne.

Ma fille adorait les Antilles, pays de son « papy » chéri, et elle était fière de ses origines. Nous l'y avons emmenée deux fois. Lors du second voyage, elle avait douze ans. Elle s'est acheté un pendentif représentant l'île de la Guadeloupe, qu'elle portait autour du cou, et a demandé à sa tante de lui offrir un livre pour apprendre le créole.

Nous sommes une famille recomposée comme il y en a tant. De ma première union, j'ai eu un fils, Sébastien, né l'année de mes vingt-cinq ans. En dépit de notre séparation, j'ai gardé des liens avec mon ex-compagnon et ses proches. Beaucoup de couples séparés ne se voient plus du tout ou ont des relations conflictuelles. Chez nous, ni disputes ni rancœur, tout le monde s'entend bien.

Trois ans après cette rupture, j'ai rencontré Thierry, qui avait également un fils d'une première union. Je suis tombée enceinte très rapidement et Léa est née l'été suivant, en 1996. Nous

nous sommes mariés officiellement lorsque notre fille a eu cinq ans.

Sa venue au monde nous a remplis de joie. J'étais au comble du bonheur, un fils m'était né, puis une fille. Que demander de plus ? Je me souviens très bien d'elle, tout bébé ; elle s'endormait en tétant mon cou. En guise de rituel, je mettais tous les soirs un peu de musique au moment de la coucher. La première chanson que je lui ai fait écouter, à l'âge de deux mois, était *Aïcha* de Cheb Khaled. Je trouvais que ma fille ressemblait à la reine de cette chanson, une reine que l'on veut couvrir de trésors, de bijoux.

Je lui ai raconté cette anecdote. « Regarde, maman, me dit-elle un jour – bien avant son départ –, j'ai copié la chanson dans mon téléphone portable, je l'ai écoutée... Ah la la, tu faisais tout ça pour moi ?! Tu sais, quand je vois toutes les mères de mes copines, je me dis que j'ai tellement de chance. On peut parler de tout et on peut faire plein de choses avec toi... bon, parfois t'es chiante... mais je me rends compte que j'ai beaucoup de chance d'avoir une maman comme toi ! »

Ces images de bonheur, je voudrais ne pas les oublier ; elles font pourtant si mal que je suis tentée de les repousser.

Bébé puis petite fille, Léa était très calme et facile. Elle ne pleurait jamais, sauf quand je la déposais à l'école maternelle. La séparation du matin a été difficile pendant deux ans. Petite, elle était plutôt peureuse et introvertie, et j'étais pratiquement la seule à pouvoir la rassurer. En grandissant, elle a peu à peu pris de l'assurance, j'étais fière de ses progrès.

A l'époque, mon mari vivait encore de son côté dans sa maison en banlieue parisienne et moi à une dizaine de kilomètres de chez lui. Il était chauffeur de car international. Sans cesse sur la route, il n'avait parfois que deux ou trois jours de repos par mois. Sa présence en pointillé explique peut-être en partie le lien si particulier que j'ai tissé avec ma fille. Lorsqu'il rentrait du travail, je le rejoignais avec les enfants le samedi et le dimanche. Ces week-ends et les vacances étaient des moments précieux pour lui, qui regrettait de ne pas voir notre fille aussi souvent qu'il l'aurait voulu. Toutefois, dès qu'il avait un peu de temps libre, il le lui consacrait. Si son jour de repos tombait un mercredi, il gardait sa fille, préparant les repas et jouant au papa gâteau.

Pour ma part, je ne souhaitais pas quitter la commune où je travaillais – j'occupais alors un poste de cadre dans une DRH – ni mon entourage. L'organisation familiale n'était pas facile à cette époque car je commençais mes journées à 8 h 30 et celles-ci s'achevaient parfois bien au-delà de 18 heures. Heureusement, j'avais la chance de pouvoir compter sur mes parents pour garder Léa.

Lorsque mon beau-fils a atteint sa majorité, mon mari a vendu sa maison et a décroché un poste sédentaire de fonctionnaire qu'il occupe encore aujourd'hui. Nous avons alors emménagé tous les quatre sous le même toit, dans un pavillon, avec mon fils et notre fille. Malgré leurs sept ans de différence, Sébastien adorait sa sœur. Lorsque nous nous absentions, c'est lui qui la gardait. Léa admirait ce grand frère dont elle était fière. C'était son confident. Une fois qu'il est devenu adulte et a commencé à gagner sa vie, il l'a souvent emmenée en vacances.

A l'école primaire, tout s'est bien passé. Dès qu'elle a su écrire, Léa rédigeait des petits mots sur des bouts de papier qu'elle cachait dans des boîtes décoratives, un peu partout dans la maison : « Maman je t'aime, tu es l'amour de ma vie, je ne te quitterai jamais. » Je revois encore sa petite écriture d'enfant, hésitante et appliquée.

Mais l'année de la sixième a été une catastrophe. Elle a sans doute eu peur de se retrouver dans l'univers des « grands ». Peur d'affronter le monde, de quitter le cocon de la petite école, elle qui avait tant besoin de sécurité et qui avait gardé sa tétine jusqu'à l'âge de sept ans. Ce n'est que lorsqu'elle est partie en classe découverte, en CE1, qu'elle a accepté de s'en passer.

L'entrée au collège a été une épreuve ; elle s'est subitement sentie le bouc émissaire de la classe. Je ne sais pas si ce sentiment était justifié ou non. Elle ne comprenait pas que celle qu'elle considérait comme sa meilleure amie la laisse parfois tomber pour courir s'amuser avec d'autres. Loin d'être solitaire, Léa avait plusieurs amies, mais il ne lui serait pas venu à l'idée de leur tourner le dos pour s'amuser avec de nouvelles camarades. Par loyauté, par fidélité. Elle était triste, se plaignait : « Maman, il y a des filles qui sont méchantes avec moi… Elles me laissent toute seule.

— Ne t'inquiète pas, tu te feras d'autres amies. »

Mais cela ne s'est pas arrangé. Les choses ont pris des proportions gigantesques, au point qu'elle vomissait les matins d'école. Elle a souvent manqué la classe cette année-là. Quelle période difficile ce fut pour nous deux ! Je compensais du mieux que je pouvais en lui faisant un peu la classe à la maison.

Tout s'est arrangé comme par miracle dès la cinquième. Elle n'a plus eu aucun problème à l'école dans les années qui ont suivi. Sa scolarité s'est déroulée normalement, elle était plutôt bonne élève, avait des camarades, se montrait affectueuse en famille.

En repensant à ces souvenirs, je me vois comme une mère « jamais sans ma fille », mais tout aussi protectrice vis-à-vis de mon fils. Une maman proche et sans tabous. Parfois les camarades de ma fille lui disaient : « Lâche un peu ta mère... » Elle répondait fièrement : « C'est ma meilleure copine, je n'aurai jamais d'amie aussi sincère qu'elle ! »

Ce lien de confiance et de complicité me rappelle celui que j'ai eu avec ma propre mère. D'elle, je dirais aussi que c'était ma meilleure amie. Elle me gâtait, m'emmenait visiter Paris et faire des courses dans les grands magasins. Je me suis toujours dit que je recréerais cette relation de tendresse avec mes propres enfants, sans toutefois être aussi sévère qu'elle.

Ma fille m'offrait souvent… des chansons. Son dernier cadeau musical, Léa me l'avait dédié en disant qu'elle ne pourrait jamais me quitter, qu'une maman était l'être le plus cher qui existe au monde. C'était un an avant sa rencontre avec celui qui allait l'emmener en Syrie. Je sortais juste de ma douche et elle m'a tendu son téléphone : « Tiens, maman, c'est pour toi, écoute ça. » C'était *Elle,* de Melissa M, jeune chanteuse de RNB. « Mon âme ; mon cœur, mon sang, mon ange… », voilà les mots qui jaillissaient pour parler de la mère, de celle qui a donné la vie. Je l'ai regardée, très émue :

« Mais... à ce point-là ?

— Oh, tu ne peux pas t'imaginer à quel point je t'aime, ma petite maman. Je serai toujours là pour toi.

— Ma chérie, moi aussi je t'aime très fort. »

Jusqu'à l'âge de seize ans, elle a tenu à dormir sur le canapé-lit du salon, qui jouxte notre chambre au rez-de-chaussée. C'était son côté craintif : elle préférait être près de nous plutôt que seule dans une chambre au premier étage. Cette demande qu'elle avait de se tenir physiquement très proche de nous, nous y avons tout naturellement répondu. Elle avait un réel besoin de se sentir rassurée. Sans doute était-ce une fragilité.

C'est là, dans ce salon convivial, qu'elle débarquait parfois avec ses copines après la classe. Tout ce petit monde bavardait gaiement, écoutait de la musique ou surfait sur l'ordinateur familial. Je pouvais ainsi garder un œil discret sur les sites Web qu'elles fréquentaient.

Une famille ordinaire. Une adolescente comme les autres.

3

Une rencontre décisive

Fin octobre, j'interroge Léa. « Tu dialogues toujours avec ce garçon, sur le site de rencontres ?

— Non, je ne vais plus sur le site, on se parle par téléphone.

— J'espère qu'il ne demande pas à te voir ?

— Non, il ne demande rien. On bavarde, c'est tout. »

Mais en décembre, elle m'annonce que B. voudrait la rencontrer. « Tu n'y vas pas toute seule », lui dis-je. D'accord pour qu'elle le voie, mais en ma présence. Ce jeune homme est peut-être quelqu'un de bien mais, d'un autre côté, n'importe qui peut se cacher derrière un profil Internet.

Léa ne s'y oppose pas, elle est même tout à fait d'accord pour que je l'accompagne. Elle appelle B. par téléphone pour lui donner rendez-vous un samedi après-midi, à la mi-décembre, devant le centre culturel de notre petite ville. Il a une Clio grise.

Ce jour-là, nous partons toutes les deux en voiture au lieu de rendez-vous. Léa n'est pas particulièrement apprêtée – elle porte un pantalon tout simple et des baskets – mais je la sens stressée. C'est compréhensible car depuis sa romance avec Grégoire, c'est son premier rendez-vous avec un garçon, qu'en plus elle n'a jamais vu.

Arrivée devant le centre culturel, je me gare. Léa repère le véhicule de B. et sort de ma voiture pour aller lui dire bonjour. Elle revient me voir. « Il propose de m'emmener, pour qu'on aille se promener quelque part.

— Non, je veux faire sa connaissance. Dis-lui de me suivre, on va retourner à la maison pour parler un peu. »

Léa monte dans la Clio et tous deux suivent mon véhicule. Retour devant chez nous. Je n'ai pas envie de le faire entrer, je souhaite simplement lui parler. Pour faire sa connaissance, le jauger. Nous restons dehors sur le trottoir, le temps doux s'y prête. C'est un jeune homme d'origine algérienne, d'allure agréable. Petit et mince, vêtu d'un jean et d'une veste, il a un look plutôt classique, avec de beaux cheveux ondulés, mi-longs.

Je lui demande son âge, il répond : « Dix-neuf ans », l'air tendu. J'apprendrai plus tard qu'il en a en fait vingt-deux.

D'emblée, je me sens gênée face à ce jeune homme. Il ne me regarde pas dans les yeux. Il me serre la main du bout des doigts, comme si le fait de me toucher lui répugnait. Ce n'est pas le geste en soi qui me choque. Le centre de loisirs où je travaille est fréquenté à 80 % par une population d'origine maghrébine et il m'arrive de croiser des personnes pieuses qui ne touchent pas la main d'une femme. J'y suis habituée et ne m'en offusque pas.

Mon trouble vient du fait que B. ne fait pas le moindre effort pour saluer la mère d'une jeune fille qu'il semble apprécier. Il ne montre pas la moindre considération pour moi, il m'ignore tout simplement. Comme si je n'étais rien.

D'un ton pédagogue, je lui dis que si, pour lui, éviter de me regarder dans les yeux est un signe de respect que je peux comprendre, pour moi, au contraire, le respect passe par le contact visuel. C'est un signe de franchise. Et donc, il me paraît important qu'il puisse me regarder. « Si tu veux fréquenter ma fille, et que tu te comportes comme ça avec moi, la mère de Léa, ça va être un problème. Comment va-t-on faire ? » lui dis-je.

Le sourire de ma fille s'est figé. « Fais un effort », semble-t-elle le prier du regard. Elle ne me paraît pas amoureuse mais elle a visiblement envie de revoir ce garçon. Il est peut-être déjà un peu plus qu'un simple copain.

B. ne sait pas quoi répondre. Il tente bien de me regarder en face mais son regard m'a à peine effleurée qu'il détourne déjà la tête.

Nous échangeons encore quelques phrases. Il m'explique que tout en travaillant, il prépare un BTS commercial. Je n'ai guère envie de pousser ce court échange plus loin. Je dis à Léa qu'elle peut rester bavarder dix minutes avec lui et je rentre chez nous.

Le délai imparti, je ressors pour l'appeler. Elle dit au revoir à B. qui repart en voiture.

« Qu'est-ce que tu as ? me demande-t-elle sitôt rentrée.

— Tu as vu comment il évitait de me regarder et de me serrer la main ? Tu vas arrêter tout de suite de voir ce garçon ! Il va t'emmener sur un mauvais chemin. »

J'avais peur tout à coup que Léa se convertisse, voire s'habille en burqa, change de prénom, devienne quelqu'un d'autre.

« Si tu fais ça, tu ne seras plus ma fille. Je préférerais te considérer comme morte.

— C'est parce que c'est un Arabe, c'est ça ? Ce sont les Arabes que tu fréquentes au travail qui te retournent le cerveau. »

Me regardant droit dans les yeux, elle ajoute d'un ton furieux : « Je n'aurais jamais pensé ça de toi ! » Puis elle monte bouder dans sa chambre.

Pourtant, Léa sait parfaitement que je n'ai aucun préjugé raciste. La discrimination, je l'ai vécue. Sur les bancs de l'école, il y avait des sourires en coin, des moqueries sur ma peau métissée. Toutefois c'était trop rare pour que j'en conserve des bleus à l'âme. Ce sont surtout les réactions au sein de ma propre famille qui m'ont blessée.

Car du côté de ma mère, dans les Landes, on était raciste. J'entends encore ma grand-mère maternelle, une femme sèche toute vêtue de noir, lancer, alors que ma mère, mon frère et moi arrivions chez elle pour les vacances : « La voilà avec ses bâtards. » Ma grand-mère n'avait pas digéré les noces de sa fille avec un Antillais. Une partie de la société française ne l'acceptait pas non plus ; dans les années 1960, une femme blanche avec des enfants de couleur, cela ne passait pas très bien.

Un été, mes parents m'ont laissée chez ma grand-mère. Ce fut un cauchemar absolu, les pires vacances de ma vie. J'étais la Cendrillon, la bonniche antillaise, maltraitée dans cette maison pleine de monde. A neuf ans, j'étais perdue, incapable de me défendre ou de m'exprimer. Je ne recevais aucun des colis que m'envoyaient mes parents. Alertés par l'une de mes tantes, ils sont finalement venus me chercher. Hormis un oncle que j'aimais beaucoup, je n'ai plus jamais voulu revoir cette branche de la famille.

En Guadeloupe, le racisme était moins prononcé qu'en métropole, mais il était là. Mon frère et moi sentions les regards jaloux sur notre peau claire de créoles... On nous enviait parce que nous n'étions pas noirs.

Loin de moi, donc, l'idée d'être intolérante vis-à-vis de B. en raison de ses origines. C'était son attitude à mon égard qui me dérangeait.

Ce même après-midi, je fais part à mon mari de mon inquiétude, de mon intuition. « Ce garçon, je ne le sens pas du tout. » Thierry décide de le rencontrer. Il propose à notre fille d'inviter B. à passer une soirée chez nous.

Léa est ravie. Elle espère sans doute que son père sera de son côté.

B. vient chez nous en décembre, quelques jours avant la fin de l'année. Dans l'intervalle, il a invité notre fille à une fête orientale mais j'ai refusé catégoriquement.

La soirée prend rapidement une mauvaise tournure. B. continue à m'ignorer totalement et, ne me jetant même pas un regard, s'adresse uniquement à mon mari. Il nous demande carrément la main de notre fille, deux semaines après avoir rencontré cette dernière. Il organise même les détails du mariage, un mariage à l'orientale ! Il met visiblement la charrue avant les bœufs.

Je remarque que ma fille et lui sont plus proches qu'avant. Il est assis sur le canapé, elle est perchée sur le bras du sofa, tout contre lui.

Malgré l'aberration de la situation, nous restons calmes. Je lui demande s'il serait d'accord pour célébrer un mariage religieux, étant donné que nous sommes catholiques ? Accepterait-il de donner des prénoms français à leurs enfants ?

B. reste muet, l'idée n'a pas l'air de le séduire. Léa s'empresse de nous rassurer : « Bien sûr, il y aurait aussi un mariage à l'église, et puis un enfant peut avoir deux prénoms, un français et un musulman. »

Finalement, Thierry déclare que sa fille est bien trop jeune pour se marier. Elle a toute la vie devant elle. « Ma fille est un diamant ! Personne n'a le droit de lui faire de mal, on ne touche pas à ma fille. Elle a le temps, elle a des projets, il faut qu'elle passe son bac. Elle n'a que seize ans.

— J'attendrai, répond le jeune homme.

— Même dans deux ans, je ne suis pas sûr d'avoir envie de te donner ma fille en mariage. Et puis, elle peut changer d'avis, qui sait ? »

Après avoir répété que tout cela était prématuré, nous mettons un terme à la soirée. Avant son départ, je demande à B. le numéro de son portable.

Les semaines suivantes, je rentre du travail irritée, à cran. Ma fille ne comprend pas que B. ne me plaise pas. Elle tente de me convaincre. « Tu sais, il joue très bien du piano. » Elle me fait écouter un enregistrement sur son portable. Et me montre une vidéo d'un spectacle auquel il a participé comme danseur.

A l'époque, B. était livreur de pizzas. Sa mère s'était remariée et il ne s'entendait pas du tout avec son beau-père. Pendant un temps, les relations avaient été si tendues avec ce dernier que B. avait vécu un moment dans la rue. Ce jeune homme avait des qualités, il était doué pour la musique et était intelligent. En dépit de la différence d'âge avec ma fille, il aurait pu me plaire, n'eût été cette intolérance que je devinais en lui.

Je me sentais déjà prise dans une histoire que je ne maîtrisais pas. Que faire ? Les questions se bousculaient dans ma tête, et personne pour y répondre. Une collègue m'a vivement conseillé de les séparer, mais comment procéder ? Comment séparer de force deux jeunes gens amoureux ? Je ne pouvais tout de même pas enfermer Léa, ni la surveiller vingt-quatre heures sur vingt-quatre ! Je paniquais à l'idée qu'elle fasse bien pire si je posais trop d'interdits. Ce garçon lui avait complètement tourné la tête avec sa proposition de mariage.

« Regarde, maman, cette belle robe ! me dit-elle un jour, éblouie, en me montrant la photo d'une robe de mariée sur son téléphone portable.

— Pourquoi est-ce que tu regardes ça ?

— B. m'a dit de regarder des modèles sur Internet, il veut m'en offrir une.

— De toute manière, il n'est pas question que tu te maries ! »

Malgré mes rappels à la raison, Léa se tissait un conte de fées.

B. lui avait sans doute posé des questions pour savoir ce qu'elle attendait d'une relation de couple, puis s'adapter à ses réponses et se présenter comme l'homme dont elle rêvait. Pour un musulman très pratiquant, rencontrer une jeune fille qui veut rester « pure » pour son futur mari était évidemment idéal. Plus tard, en repensant à tout cela, je me suis souvenue que Léa supportait mal le regard que certains hommes posaient sur elle. Avec les jeunes de son âge, cela passait. Mais venant d'adultes, ça la dérangeait. « Maman, tu as vu comment me regardent ces hommes qui ont l'âge de papa ? » m'avait-elle dit, choquée, lorsqu'elle avait quinze ans. Finalement, le port de la burqa correspondait peut-être inconsciemment à un désir de se cacher des regards masculins, de se protéger de désirs qu'elle jugeait malsains.

Fuir ce monde pervers et s'abriter derrière un voile noir, quel soulagement pour une enfant, une femme-enfant qui a du mal à grandir...

Passant outre à mes hésitations, je n'ai plus voulu leur donner une chance supplémentaire. J'ai exigé de ma fille qu'elle rompe. Elle a fait mine de m'obéir. Pourtant je n'étais pas tranquille. Elle m'échappait, je le sentais, je pressentais un danger. Pour en avoir le cœur net, j'ai épluché ses factures de téléphone. Les numéros étaient là, noir sur blanc, elle continuait de l'appeler, parfois jusqu'à 2 heures du matin !

J'étais hors de moi. C'était un samedi – le 26 janvier 2013, je m'en souviens comme si c'était hier. Je l'ai sommée d'arrêter de communiquer avec B. Et j'ai exigé qu'elle lui envoie sur-le-champ un message de rupture.

« Si ton père et moi ne sommes pas capables de te convaincre que ce garçon n'est pas pour toi, je vais faire appel à ton frère. Et si ton frère se mêle de cette histoire, cela risque de mal se passer pour ton ami. Je veux qu'il t'oublie, que tu l'oublies, il est hors de question que vous continuiez à vous voir. Je veux qu'il te laisse tranquille, qu'il nous laisse tous tranquilles, tu m'entends ! »

Les larmes aux yeux, Léa a tapé le message et me l'a montré. Le cœur déchiré, j'avais mal pour elle, je me mettais à sa place. Elle devait bouillir de colère intérieurement et m'en vouloir de l'empêcher de vivre sa vie. Mais c'était plus fort que moi. J'étais comme une lionne flairant le danger, les sens en alerte. Je devais protéger ma fille d'urgence.

L'affaire semblait classée. Pourtant, j'étais encore habitée par le doute. A cet âge-là, les enfants sont comme des agents doubles : ils ont un comportement pour nous satisfaire puis changent du tout au tout dès que nous avons le dos tourné. Après tout, elle m'avait déjà menti. Qui sait si elle ne recommencerait pas ? Pourquoi m'obéirait-elle si elle ne me faisait plus confiance, si elle voulait s'affranchir de ses parents et si elle l'aimait ? Pour me rassurer, je lui demandais régulièrement si elle avait des nouvelles de B. Ses « non » répétitifs avaient beau se vouloir convaincants, ils ne calmaient pas totalement mon inquiétude.

Cependant, la vie a repris son cours, autour du bureau et du lycée. Absorbée par le quotidien, j'ai tenté de chasser mes soucis. Le printemps approchant, nous nous sommes mis en quête d'un stage pour Léa. Elève de seconde inscrite dans la filière « bac commercial », elle devait obligatoirement effectuer un stage de plusieurs semaines en entreprise, avant la fin de l'année scolaire.

Léa fréquentait un lycée privé de banlieue, tout près de chez nous. J'ai toujours tenu à ce que mes enfants fassent leur scolarité dans le privé. Bonne élève, studieuse et appliquée, elle n'était pas pour autant passionnée par l'école. Ni particulièrement intéressée par l'idée de faire carrière. C'est moi qui la poussais, l'incitais à faire des études afin d'avoir un métier solide. Afin d'être sûre de pouvoir compter sur elle-même. Sans argent on n'est rien, c'est déplorable mais c'est ainsi. Je lui disais : « Il faut que tu sois une femme libre et indépendante ; il te faut un métier, ton propre compte en banque, pour ne pas dépendre d'un homme… Et si ton futur mari disparaît pour une raison ou une autre, comment feras-tu pour te débrouiller sans aucune expérience professionnelle ? » Elle me répondait : « Oh, je me prendrai un mari très riche ! » Ce n'était qu'une boutade car elle acquiesçait aussitôt : « Tu as raison, maman, je veux avoir un bon job. »

Elle avait des rêves, des envies. Et des projets changeants. Son idée initiale était de partir vivre quelques mois aux Etats-Unis, avec deux amis de longue date – elle connaissait l'un d'eux depuis l'âge de huit ans. L'un étudiait la mécanique, l'autre la comptabilité. Léa souhaitait s'inscrire dans une école proposant des cours d'anglais combinés à des entraînements sportifs. Cela m'amusait car elle n'était pas sportive pour deux sous – combien de fois l'avais-je littéralement traînée pour faire du jogging avec moi dans le quartier ! Le trio tirait des plans sur la comète, parlait de monter une entreprise ensemble aux Etats-Unis, si tout se passait bien, pourquoi pas ? Ils étaient pleins d'élan et d'enthousiasme. Nous encouragions Léa et étions prêts à faire des sacrifices financiers pour financer son école.

Plus tard elle a changé d'avis, souhaitant plutôt s'orienter vers le concours de professeur des écoles. Un métier qui lui aurait tout à fait convenu. Douce et patiente, elle n'avait jamais un mot plus haut que l'autre et adorait les enfants, qui le lui rendaient bien. Juste avant sa rencontre avec B., elle s'était inscrite pour passer son BAFA (Brevet d'aptitude aux fonctions d'animateur), ce qui lui aurait permis de gagner un peu d'argent l'été dans un centre de loisirs.

Pour l'heure, il lui fallait trouver un stage. Parisienne dans l'âme – elle aurait de beaucoup préféré étudier à Paris même –, elle avait d'abord présenté sa candidature dans des boutiques de luxe à Paris. Sans succès. Pour l'aider, je l'ai alors accompagnée au centre commercial proche de chez nous. Nous sommes allées voir le magasin Body Shop puis une boutique de lingerie. Après deux entretiens avec la responsable, ma fille a été engagée dans cette boutique début mars, pour un stage de trois semaines qui s'est bien déroulé. Léa a plu car elle s'exprimait bien, savait être gracieuse et souriante avec les clients. Je l'accompagnais le matin et allais la chercher le soir lorsque, certains jours, elle finissait à 20 heures. Ravie, la directrice du magasin me faisait des compliments. « Si votre fille veut revenir pour un deuxième stage, je la reprendrai tout de suite. »

L'avenir souriait à Léa. Il me semblait que B. était sorti de notre vie. Du moins je m'efforçais de le croire.

4

Pressentiments

Quelqu'un me regarde.

Une silhouette féminine, tout en noir.

C'est Léa.

Habillée en burqa.

Son joli visage, laissé à découvert par le voile, me sourit.

Elle s'approche de moi et se penche pour m'embrasser tendrement.

« Tout va bien, maman. »

Je m'éveille en sursaut, glacée de peur. Le rêve s'estompe, me laissant un sentiment de malaise et d'effroi. Et si c'était prémonitoire ?

Après ce cauchemar, je redouble de vigilance. Lorsque Léa est au lycée, je fouille sa chambre. Rien à signaler. Je surveille ses allées et venues, contrôle son emploi du temps. Comme si le rêve était un signal d'alerte destiné à me mettre sur une piste, un indice que je n'aurais pas remarqué.

Mes recherches sont vaines.

Arrivent les vacances de Pâques, qui tombent au mois de mai. Chaque année, nous partons une semaine dans le Périgord où nous louons une maison avec des amis. Mes pensées se tournent vers la préparation de ces vacances, de ces prochaines retrouvailles avec nos amis qui sont toujours un moment de fête. Ma fille adore partir avec nous mais cette fois-ci, visiblement, elle n'en a pas du tout envie. Je l'autorise à rester à la maison avec sa grand-mère, à condition qu'elle trouve un nouveau stage ; sinon, nous l'emmènerons avec nous. Léa recontacte alors la responsable de la boutique de lingerie qui accepte de la réembaucher aussitôt, avant même mon départ en vacances. Je propose à ma fille de reprendre nos bonnes habitudes.

« Si tu veux dormir un peu plus tard le matin, je te conduirai en voiture à la boutique, dis-je à ma fille.

— Non merci, maman, je préfère marcher.

— Mais je viendrai te chercher le soir quand tu finiras tard, comme lors de ton premier stage.

— Je n'ai pas besoin que tu viennes me chercher, je t'assure, j'aime bien rentrer à pied. »

Avant de quitter Paris, j'envisage de passer voir la directrice du magasin. Léa m'en dissuade. « Ce n'est pas la peine que tu te déplaces, tout se passe bien et de toute façon tu auras mon rapport de stage. »

Nous voilà partis dans le Périgord, mon mari et moi. En proie à une inquiétude sourde, inexplicable. A peine arrivés, nous ne nous sentons pas bien. Thierry a des douleurs un peu partout et ne parvient plus à bouger, tandis que j'ai une boule d'angoisse dans le ventre. Nous ne comprenons pas ce qui nous arrive. Je sens confusément que ces maux ont un lien avec notre fille. Mais j'appelle Léa tous les soirs et tout semble normal. Sauf que je la sens distante, détachée. Je suis peut-être trop étouffante, me dis-je en me raisonnant. Cependant, comme nous nous sentons vraiment mal et que notre état ne s'améliore pas, j'annonce par téléphone à ma fille que nous écourtons nos vacances et rentrons deux jours plus tôt que prévu. A sa voix, j'entends clairement sa déception.

A notre retour, pas d'effusions, fait inhabituel. Auparavant, lorsque nous voyagions sans elle, elle m'appelait en pleurant et comptait les jours jusqu'à notre retour. C'était encore le cas en 2012, quand nous sommes partis quinze jours en Afrique du Sud. Quoique choyée chez ses grands-parents pendant notre absence, elle voulait nous revoir au plus vite. En un an, mon enfant a bien changé.

A ce moment précis, je croyais sincèrement qu'elle avait mis fin à son histoire avec ce jeune musulman car je ne trouvais plus trace du numéro de portable de ce dernier sur les relevés. Dans les jours qui suivent notre retour, la méfiance a resurgi, violente, et j'oblige Léa à appeler devant moi un numéro inconnu pris au hasard sur la facture de son portable. Bizarrement, cela ne répond jamais. Je n'ose pas trop insister, craignant d'exagérer et de la peiner, elle en qui j'ai toujours eu une totale confiance. Léa avait du caractère mais c'était une enfant obéissante. Elle se pliait à ce que je lui disais, même lorsqu'elle n'était pas d'accord, comprenant que j'agissais pour son bien. A douze ans, elle a voulu suivre l'exemple de ses copines qui portaient des strings et se maquillaient. « Ce n'est pas de ton âge, lui avais-je dit. Vis ta vie tranquillement, tu auras tout le temps dans quelques années, il y a un temps pour tout. » Elle m'a obéi mais un soir où j'étais venue la chercher à l'école, j'ai remarqué des traces noires sur ses paupières et l'ai gentiment rabrouée. « Je t'avais pourtant dit de ne pas mettre de mascara. Tu ne t'es même pas démaquillée correctement ! »

Je me suis demandé si je n'avais pas été trop rigide. Pourtant, Léa n'était pas une adolescente qui tempêtait et exigeait plus de liberté. Parfois, c'était même moi qui la poussais à sortir, à accepter une invitation. Tout doucement, elle prenait de l'assurance. Vers l'âge de quinze ans, elle a pris les transports en commun toute seule.

Je m'inquiétais un peu mais elle me faisait comprendre que je devais la laisser tranquille. Puis, à seize ans, elle a commencé à se maquiller. Rien de très voyant, une touche de fond de teint, un brin de mascara et du brillant à lèvres. Une manière discrète de se mettre en valeur.

Autre signe de son désir d'autonomie, peu après avoir commencé à fréquenter le site de rencontres, elle a voulu sa chambre à elle. Malgré mes réticences, mon mari était tout à fait d'accord. « Rien de plus normal, elle grandit, elle a besoin d'avoir son propre espace », insistait-il. Finalement, Léa a pris ses nouveaux quartiers dans une pièce que nous lui avons aménagée au premier étage, avec un petit poste de télévision. Auparavant, elle passait beaucoup de temps à mes côtés, sur le canapé du salon, me faisant écouter de la musique, me montrant la photo d'un pull dans un magazine. « Maman, j'aimerais bien que tu m'achètes ça… » Babillant, elle avait toujours quelque chose à me dire. Mais dès qu'elle a eu sa propre chambre, elle y est restée parfois cloîtrée la journée entière pour n'en redescendre que le soir.

Ma fille change, elle affiche son indépendance, me répétais-je. Sans pour autant éviter de ressentir un petit pincement au cœur. Ce n'était plus l'enfant que j'avais connue.

5

Léa s'en va

J'ai remarqué de très petits changements dans les quelques jours qui ont précédé son départ. Je les ai notés comme on enregistre un détail sans importance, sans me douter du cataclysme qui allait nous tomber dessus. Ignorant que d'autres mères et d'autres pères en France, en Belgique, en Angleterre, aux Pays-Bas et même au Canada voyaient leurs filles se transformer sous leurs yeux au même moment que Léa ; que le drame qui couvait allait leur exploser à la figure, exactement comme j'allais le vivre. Sans me douter que des milliers de jeunes Européens, attirés par un discours trompeur, allaient tout quitter pour rejoindre un groupe terroriste.

En 2013, 224 jeunes Français sont partis combattre au nom du djihad en Syrie. Depuis, ce chiffre a été multiplié par quatre, et plus d'une centaine sont morts. C'est bien plus tard que j'apprendrai ces chiffres terribles.

Jour J – 7

Nous sommes un mercredi, Léa me demande la permission d'aller voir une de ses camarades, avec laquelle elles s'échangent des parfums en stick, des parfums au musc. Elle m'en avait montré et j'avais trouvé très pratique d'avoir ainsi un petit stick dans son sac à main pour se parfumer à n'importe quel moment de la journée. Néanmoins je lui rappelle qu'elle est punie. Le mercredi précédent, elle était rentrée bien après 18 h 30 et ce n'était pas la première fois. Il y avait toujours, disait-elle, des retards du RER dus à des incidents techniques. J'avais donc mis une limite. « Puisque c'est comme cela, fini les sorties ! »

Elle me promet que cette fois-ci elle fera plus attention, me jure qu'elle sera à l'heure. Je cède.

« Mais au moindre retard ce sera une privation définitive.

— Oui, maman, ne t'inquiète pas. »

Jour J – 6

Je range sa chambre, tout en fouillant un peu, comme je l'ai toujours fait. Lorsqu'elle était plus petite, j'inspectais son cartable pour voir s'il n'y avait pas de cigarettes.

Sous l'oreiller, je trouve des vêtements neufs avec leurs étiquettes encore attachées.

« Léa ! D'où viennent ces vêtements ?

— C'est à ma copine Yasmina. Elle s'est acheté ça mais elle a grossi et finalement ça ne lui va pas du tout.

— Bizarre, ta copine a pris du poids en un temps record ! Tu ne les as pas volés, au moins ?

— Mais non, maman, elle m'en a fait cadeau. »

Léa a réponse à tout.

Jour J – 5

Léa voulait une tablette tactile. Son père a accepté de lui en offrir une. Il l'a commandée il y a quelque temps. Je dois accompagner notre fille au centre commercial, à la Fnac, pour la retirer. Je me dis que je vais en profiter pour rencontrer la responsable de la boutique de lingerie. Léa m'en dissuade une fois de plus, avançant des explications nébuleuses. Comme je suis fatiguée, nous rentrons directement à la maison après avoir récupéré la tablette.

Jour J – 4

Léa avait commencé à faire des achats en prévision du mariage de son frère. La cérémonie était fixée depuis longtemps au 7 septembre 2013 et elle devait être la demoiselle d'honneur.

Ce jour-là, je remarque qu'elle a changé de style. Elle a troqué ses tee-shirts moulants pour un pull très ample. Je lui parle chiffons, évoque les robes qu'elle va porter pour la noce.

Elle me répond du bout des lèvres, l'air totalement désintéressée.

Jour J – 3

Très féminine, ma fille est coquette et ne sort plus sans un léger maquillage. Mais ce dimanche soir je remarque son visage inhabituellement vierge. Ni fond de teint, ni mascara, pas même un soupçon de baume sur les lèvres. Elle s'explique avec un naturel désarmant.

« J'ai eu des petits boutons, alors j'oxygène un peu ma peau, cela lui fait du bien.

— J'espère tout de même que tu te maquilleras un peu pour le mariage de ton frère ! »

Un hadith – un texte explicatif du Coran – dit qu'il n'est pas permis à une femme non mariée de se faire rougir les joues et les lèvres. Seule une épouse peut se farder, à condition d'y être autorisée par son mari.

Léa ne se maquillera plus.

Jour J – 2

Léa s'épilait les sourcils en les rasant en partie, ce que je ne trouvais pas très joli. Elle m'annonce que de toute façon, elle va les laisser repousser. Je propose de lui prendre un rendez-vous chez l'esthéticienne – je lui avais promis de l'y emmener dès qu'elle aurait seize ans.

« Oh, ce n'est pas la peine.

— Qu'est-ce que tu as ? Tu ne te maquilles plus, tu laisses tes sourcils repousser… et en même temps tu t'es rasé le côté du crâne, comme Rihanna.

— Mais non, maman, je suis comme d'habitude. »

Et elle ajoute cette phrase étrange : « Je n'ai jamais été aussi bien. »

Un autre hadith datant du IXe siècle interdit aux femmes de se tailler les sourcils car cela dénature la création d'Allah.

Léa ne s'épilera plus.

Jour J – 1

Ce soir, ma fille est incroyablement affectueuse. Elle était beaucoup moins démonstrative depuis que j'avais exigé qu'elle rompe avec B. Voilà qu'elle m'embrasse, me dit « Je t'aime, maman » et cinq minutes après, me le dit encore. Elle me le répète toute la soirée. Que lui arrive-t-il ? Pourquoi ce débordement de tendresse ?

Jour J

Ce mercredi 5 juin 2013, je me sens très angoissée, sans saisir pourquoi. Je pars au centre de loisirs où m'attend une journée chargée. On y organise des olympiades, un concours sportif avec des épreuves de course à pied, du football… auquel participent toutes les écoles primaires du quartier.

15 h 00

Léa passe l'après-midi à Paris avec une amie. Comme de coutume, elle doit m'envoyer un texto pour m'indiquer qu'elle est arrivée à destination et un deuxième lorsqu'elle quitte Paris pour rentrer à la maison. A 15 heures, je reçois le message prévu : « Je suis à Paris, maman. Bisous, je t'aime. »

Je trouve ce « Je t'aime » très bizarre. Elle emploie d'habitude un style télégraphique et signe d'un simple « A toute ! ». Je sens que quelque chose ne va pas. Je décide de quitter le centre plus tôt et pars vers 15 h 45.

17 h 00

J'appelle Léa qui ne répond pas.

17 h 30

Pas de nouvelles. Je l'appelle. Elle ne répond toujours pas. Je recommence mais cela sonne dans le vide.

18 h 00

Je compose le numéro une énième fois. Pas de réponse. Huguette, ma demi-sœur, essaie de me rassurer au téléphone. Certaine que quelque chose ne va pas, je lui dis d'une voix blanche : « Léa ne va pas rentrer. » Mon mari m'entend depuis le jardin et me demande ce qui se passe. « Je n'arrive pas à la joindre... »

Ma belle-mère, qui vit avec nous, me confirme l'avoir vue partir. Elle l'a observée depuis sa chambre et l'a vue emporter un sac besace et une écharpe. Pourtant la journée est splendide, la température est même montée jusqu'à 30 degrés ! Il y a toujours beaucoup de courants d'air dans le RER... Je me dis n'importe quoi pour me rassurer.

18 h 30

Mon mari et moi partons au hasard dans la ville. Nous sommes comme fous. Nous errons aux alentours du RER, désemparés, sans savoir par où commencer. Aujourd'hui encore, impossible de me souvenir des endroits où nous l'avons cherchée ce jour-là.

Toutes les hypothèses défilent dans nos têtes : elle s'est cachée, ou bien elle a été kidnappée. Peut-être est-elle enfermée quelque part, tout près, essayant de nous appeler... Je demande en pleurant aux passants décontenancés s'ils n'ont pas vu une jeune fille. J'ai l'impression de me décomposer. Et si elle était partie ? Si elle avait fugué avec son ami parce qu'elle ne supportait pas que nous rejetions ce dernier ? Mon mari me rabroue. « Arrête de te faire du mal, ce n'est pas notre faute... » Après tout, c'est vrai, ce n'est pas notre faute. Nous n'avons pas mis notre fille dehors, nous lui avons juste demandé de rompre avec ce jeune homme.

Deux heures plus tard, nous rentrons à la maison. La mère de mon mari me reparle à nouveau de ce sac et de cette écharpe que ma fille a emportés. Elle précise que Léa était habillée comme pour partir au pôle Nord : elle portait un pantalon et un petit blouson matelassé en cuir. Ma belle-mère avait rendez-vous chez la pédicure mais n'est pas parvenue à faire démarrer sa voiture – un petit véhicule électrique qui se conduit sans permis. Léa, pudique comme elle était, est sortie en petite culotte pour aider sa grand-mère à démarrer ! « Je sentais qu'elle était pressée que je parte », nous dit ma belle-mère qui, son véhicule en panne, est finalement restée à la maison.

20 h 30, commissariat de quartier

Dès que nous annonçons à la police que nous voulons déclarer la disparition d'une mineure, c'est l'alerte rouge au commissariat.

Pour moi, il ne s'agit toujours pas d'une fugue. Pourtant, des détails me reviennent en mémoire. Ces vêtements sous l'oreiller. Notre conversation roule dans ma tête : « As-tu volé ces vêtements ou est-ce quelqu'un qui te les a donnés et tu ne veux pas que nous le sachions ? »

Elle détestait que je la questionne ainsi, d'autant que je visais juste à chaque fois. Elle avait d'ailleurs confié à l'une de ses amies que je détectais infailliblement si elle allait bien ou mal, malgré tous ses efforts pour prétendre le contraire. Son amie lui avait répondu : « Mais c'est ça, une maman ! »

Mais, ce mercredi 5 juin, elle m'a eue. Totalement. Brillamment. Tristement. Elle m'a eue.

J'informe la police que ma fille fréquente un jeune musulman algérien. Je leur donne le numéro du portable de Léa ainsi que celui d'une de ses amies que je contactais en cas de souci, par exemple lorsque le téléphone de ma fille n'avait plus de batterie.

La police déclare une « disparition inquiétante » et envoie le dossier en urgence au procureur de la République. L'information est diffusée à l'échelle nationale.

23 h 00

Retour à la maison. Je monte dans la chambre de Léa, que je fouille de fond en comble. Il n'y a plus de vêtements dans sa garde-robe, plus de culottes ni de soutien-gorge dans les tiroirs à moitié vides ! Sa poupée fétiche, une poupée de couleur foncée recousue maintes fois par ma belle-mère, a disparu. Elle l'appelait son Nin-nin et ne s'en séparait jamais. Je crie à mon mari qu'elle est partie de son propre gré. Et peut-être avec B.

Thierry et moi sommes accablés, plongés dans un profond désespoir.

Je me dis que si je devais revivre une deuxième fois cet événement, je ne m'en relèverais pas. J'en mourrais. Sans appétit, ne fermant pas l'œil de la nuit, je bois café sur café. Moins démonstratif, Thierry est plus calme mais il est pareillement anéanti.

Les images se bousculent, je revois comme dans un film les événements des derniers mois. Le regard fuyant de B., son sourire légèrement sarcastique. La mine déçue de ma fille lorsque son père a rejeté toute idée de mariage. Et cette pensée qui m'obsède : elle a quitté la maison.

6

Début de l'enquête

Le lendemain, retour au commissariat où nous déclarons qu'il s'agit d'une fugue et non d'un éventuel kidnapping. Nous leur indiquons que notre fille est peut-être partie avec B. Un nouveau procès-verbal est établi. Dès lors, la police porte beaucoup moins d'attention à l'affaire, d'autant qu'à partir de quinze ans révolus, un jeune est considéré comme étant sexuellement majeur. En conséquence, nous ne pouvons pas porter plainte contre B. pour rapt d'enfant.

Après avoir retrouvé un peu d'énergie, je décide d'explorer toutes les pistes possibles. Mon premier coup de fil est pour le CFPE-Enfants disparus[1] au 116 000. Une fiche d'information sur Léa est immédiatement postée sur leur site Internet et la plate-forme de l'association me met en contact avec Jean-Philippe Guédon, avec lequel

1. Le CFPE-Enfants disparus gère depuis mai 2012 le suivi du 116 000.

je parle par téléphone. Cet homme formidable, d'une grande gentillesse, juriste coordinateur de l'association, s'avère un guide précieux. Il me dit d'emblée que je dois porter plainte contre B. Il le faut, même si la plainte n'est pas automatiquement acceptée par le procureur. Le CFPE traite très peu de kidnappings, excepté les enlèvements parentaux. La majorité des disparitions aujourd'hui – 90 % des dossiers – relèvent du même cas que ma fille : des jeunes qui partent sans prévenir, du jour au lendemain. « Si vous avez besoin d'aide, n'hésitez pas à me rappeler », me dit-il.

Cette semaine-là, je contacte tous les copains et toutes les amies de ma fille. Notamment Armelle, son amie d'enfance, qui me confie avoir essayé à maintes reprises de l'encourager à quitter B. Mais les conseils de son amie ne valaient pas grand-chose pour Léa ; elle trouvait que le petit ami d'Armelle profitait de cette dernière alors que B., lui, était très attentionné.

« Pourquoi ne m'as-tu pas raconté tout cela ? dis-je à Armelle.

— Oh, je me suis dit que ça allait lui passer », répond-elle ingénument.

J'apprends que le numéro de la fameuse Yasmina – qui possédait les petites bouteilles de parfum au musc convoitées par Léa et lui avait soi-disant fait cadeau de vêtements – n'est autre que le deuxième téléphone portable de ma fille ! B. le lui avait offert pour communiquer avec elle à mon insu. Voilà donc pourquoi les factures de ma fille ne portaient plus de traces du numéro de son amoureux : elle l'appelait de son deuxième mobile.

Armelle me donne le nom de famille et le numéro du jeune homme, qu'elle a vainement tenté de joindre depuis le départ de Léa. J'essaie de mon côté, sans succès.

Sans me décourager, je contacte tous les numéros figurant sur mon portable. Lorsque la batterie de son téléphone était à plat, Léa empruntait celui d'une amie ou d'une collègue pour m'appeler. Je retrouve ainsi plusieurs numéros, et envoie le même message tous azimuts : « Je suis la maman de Léa. Elle a disparu. Nous savons que c'est une fugue. Si vous avez des informations, contactez-moi. »

Quelle chance d'avoir gardé ces contacts ! Suite à ces envois, la directrice de la boutique de lingerie me téléphone. Elle m'apprend que B. venait chercher ma fille tous les jours à la boutique dès son premier stage. « Il entrait dans le magasin sans saluer personne », me dit cette femme, qui me confie que ce jeune homme barbu lui faisait un peu peur. Il arrivait très tôt, parfois deux heures avant la fermeture, évitant de regarder les femmes. Et il attendait Léa.

Ce que me dit ensuite la responsable me laisse sans voix. L'une des vendeuses de la boutique lui a raconté avoir un jour croisé le jeune couple qui flânait dans le centre commercial. Léa faisait alors son premier stage mais c'était en dehors de ses heures de travail. « Elle n'a pas reconnu votre fille parce que celle-ci portait une burqa noire, on ne voyait que ses yeux. » Léa l'a saluée et l'employée lui a demandé pourquoi elle était vêtue de la sorte. « Je me suis mariée, voilà mon mari. Regarde ma bague ! » a dit ma fille en montrant un solitaire à son doigt.

D'après cette vendeuse, Léa s'était convertie depuis le mois de janvier et avait adopté un prénom musulman : Nesrine. Le jeune couple avait l'intention de s'installer dans un appartement en banlieue.

Léa mariée, convertie à l'islam ! La nouvelle nous fait l'effet d'une douche froide. Elle et son ami ne sont sûrement pas passés devant le maire – pour se marier civilement à seize ans, il faut l'autorisation des parents. Ils sont sans doute allés voir un imam.

Mon mari et moi n'en revenons pas, mais l'évidence est là : notre fille a mené une double vie pendant des mois. Se promenant tout de noir vêtue dans le centre commercial où j'aurais pu la croiser, à quinze minutes à pied de chez nous. Puis rentrant sagement le soir à la maison, après avoir plié sa burqa dans son sac besace. Préparant soigneusement sa fuite mais revenant tous les midis pour déjeuner avec sa grand-mère. Comment a-t-elle fait pour que je ne voie rien ? La seule chose que j'avais remarquée était ce solitaire, un bel anneau serti d'un brillant, soudain apparu à son doigt. Je m'étais étonnée.

D'où venait ce beau bijou ? « Oh, c'est une bague à trois sous, que j'ai achetée chez H & M », avait répliqué Léa d'un ton badin.

Elle avait aussitôt cessé de la porter.

J'avoue que j'en voulais à sa formatrice. Pourquoi ne m'avait-elle pas contactée pendant le stage ? A ce moment-là, j'aurais pu agir, arracher ma fille des griffes de cet homme. J'aurais pu alerter la police avant qu'il ne me l'enlève. La gérante du magasin s'est répandue en excuses, arguant qu'elle ne voulait pas s'immiscer dans une affaire privée qui ne la regardait pas. Il aurait mieux valu intervenir pour rien plutôt que de ne rien faire, lui ai-je signifié. Sa réaction m'aurait été salutaire, elle aurait confirmé mes doutes et m'aurait éclairée sur ce que je devais faire.

Le 13 juin, le commissariat de quartier me contacte et me transmet l'adresse des parents de B., domiciliés dans le département voisin du nôtre. J'envoie un courrier :

Madame,

Je me permets de vous écrire car vous êtes mon dernier espoir. Je suis la maman de Léa qui a disparu pour et avec votre fils le mercredi 5 juin. Depuis, ma fille n'a absolument plus donné de nouvelles, son portable est fermé.

Je vous implore de me dire si vous avez la moindre idée de l'endroit où pourrait être votre fils. Je parle à une maman qui a, elle aussi, une fille qui a presque le même âge que la mienne.

Je sais aussi que votre fille était en contact avec Léa ; peut-être est-elle avec elle ? Mon mari et moi sommes anéantis et dans l'incompréhension.

J'avais une telle complicité avec ma fille, nous étions tellement fusionnelles que je ne comprends toujours pas ce qui s'est produit.

Je sais que vous n'étiez pas d'accord pour que votre fils fréquente Léa, mais que s'est-il passé ? Votre fils devait se présenter au commissariat de quartier mais il n'est jamais venu et actuellement son portable est éteint. Plus aucune nouvelle de lui !

Je ne vous en veux pas, nous voulons retrouver notre fille, elle n'a que 16 ans. Que va-t-elle devenir ? Mon cœur souffre tellement et je me demande tous les jours comment faire sans elle, je meurs tout doucement… Je veux savoir si elle va bien, si elle a vraiment pris sa décision en toute lucidité, pas sur un coup de tête qu'elle regretterait !

Je vous laisse mon numéro, appelez-moi SVP. C'est un appel au secours, que n'importe quel parent ne voudrait jamais vivre un jour...

Deux jours après avoir mis ma lettre à la poste, le beau-père me téléphone. Il me confirme qu'il a mis son beau-fils dehors et qu'il ne veut absolument plus le voir. Le jeune homme pratique un islam fondamentaliste depuis deux ans, ce que lui et sa femme désapprouvent fortement. Ce couple de musulmans modérés ne ressent aucun besoin d'afficher sa foi et de la revendiquer en public. B. habite toujours le même département qu'eux mais dans une autre commune. Il loge dans un appartement que lui a prêté un jeune Français converti.

« Il faut absolument sortir votre fille de là, elle est en danger », me dit le beau-père qui m'envoie par mail l'adresse de B. ainsi que des photos de son lieu de résidence et de sa voiture. Je transmets ces informations au commissariat de mon quartier.

Deux jours plus tard, coup de fil de leur fille Alissa, la sœur de B., qui connaît Léa. Toutes deux ont presque le même âge. « Si vous voulez, suggère-t-elle, j'attends dans l'appartement avec elle et lorsque vous sonnerez, je ferai en sorte que mon frère ouvre la porte. Vous attrapez votre fille et vous vous enfuyez... »

Bien que je meure d'envie d'accepter sa proposition, me voilà face à un dilemme. Toute ma famille souhaite m'accompagner, mon mari, mon fils... Tous bouillants d'indignation. Qui sait ce qui peut se produire ? Le ton qui monte, les esprits qui s'échauffent, un mot de trop et puis les hommes qui en viennent aux mains… Dans ma tête, j'imagine la scène. J'ai peur de la réaction de mes proches, peur que leur colère n'explose. Et dans ce quartier censé abriter des fondamentalistes, des voisins risquent de prendre fait et cause pour B. Si bagarre il y a, la confrontation ne risque-t-elle pas de s'étendre, de déclencher des représailles de banlieue à banlieue ? Par prudence, par souci d'éviter toute violence, je rejette l'offre d'Alissa. Je passe beaucoup de temps à calmer mes proches, à les convaincre de ne pas aller chercher Léa nous-mêmes.

Je préfère m'en remettre à la police, qui – j'en suis alors persuadée – m'aidera à récupérer ma fille. A ce moment précis, je fais pleinement confiance aux autorités et à la justice de mon pays.

Plus tard, je me demanderai mille fois si j'ai pris la bonne décision. Retournant les événements dans tous les sens, me reprochant de ne pas avoir sauté dans ma voiture et foncé chez B. Mais ce jour-là j'ai écouté la voix de la raison, pas mon instinct.

Nouveau coup de fil d'Alissa. Je reprends espoir : Léa regrette de s'être enfuie, elle a envie de rentrer chez elle, confie-t-elle. Je lui propose d'emmener ma fille quelque part, sans B. Il suffit que nous nous accordions sur un lieu de rendez-vous et je les y rejoindrai – un scénario que je préfère largement à celui de l'« enlèvement ». Fébrile, j'attends son appel. Nous allons enfin sortir du cauchemar, Alissa va appeler, c'est sûr, demain, après-demain… Mais mon désarroi augmente au fur et à mesure que les jours passent. Alissa n'appelle pas. Je n'entends plus parler d'elle.

Entre-temps, l'enquête ne progresse guère. Après avoir vainement convoqué B., qui ne s'est donc pas présenté, la police de mon quartier transmet le dossier au commissariat d'un autre département, rattaché au lieu de résidence du jeune homme. Dorénavant, c'est cette antenne qui traitera l'affaire.

Pendant ce temps, le beau-père de B. s'est rendu à l'antenne de police de son quartier pour leur donner des informations sur son beau-fils. Il croyait bien faire mais a été reçu comme un chien par un inspecteur qui a déclaré ne pas être au courant. Et dire qu'un avis de recherche était supposé être affiché dans tous les commissariats de France ! De toute façon, a souligné le fonctionnaire, ce n'est pas nous qui gérons l'affaire, ce sont nos collègues d'A., la commune où réside votre beau-fils. Puis le beau-père et la mère de B. ont subi deux perquisitions, coup sur coup.

J'ai appris cela bien plus tard, lorsque j'ai téléphoné chez eux au mois d'octobre. Il était très en colère et ne voulait plus entendre parler de cette histoire. « J'ai fait tout ce que je pouvais, maintenant fichez-moi la paix. » J'ai alors compris pourquoi ni lui ni sa fille Alissa ne m'avaient rappelée.

Sans me décourager, je téléphone régulièrement aux deux commissariats. A l'antenne qui a repris l'enquête, je parle souvent à un policier peu aimable, au ton blasé. Ne semblant guère convaincu par l'urgence de la situation, il me fait comprendre que ma fille ne sera ni la première ni la dernière à faire une fugue. Je lui demande de se rendre à l'adresse de B., qui vit dans un quartier de petits immeubles uniformes. « Vous savez, il faut faire attention, dans cette localité, il y a des endroits très musulmans… » lâche-t-il, réticent. Il me parle de ce coin de banlieue comme si c'était une zone de non-droit. Quelques jours plus tard, il me raconte que deux femmes voilées s'y sont fait insulter ; l'ambiance est électrique, une intervention là-bas serait mal vue, il faut éviter d'attiser la tension. J'ai beau appeler jour après jour, la police ne lèvera pas le petit doigt. J'en conclus qu'elle ne fait pas son travail. Elle sait où vit ma fille – une adolescente mineure et recherchée ! – mais elle ne se déplace pas.

Je peste intérieurement.

Du moins, le commissariat trouve le nouveau numéro de B. – son ancien portable ne répondait plus – et me le communique. Lorsque je lui parle enfin, il fait l'étonné : « Je ne comprends pas pourquoi ta fille n'est pas avec toi... Je n'ai pas de nouvelles d'elle puisque tu ne voulais plus que nous ayons de contacts... »

Je sens un esprit de revanche dans sa voix mais je passe outre. La seule chose qui m'importe est qu'il me rende ma fille. Il ajoute : « Je vais chercher sur ses réseaux et je te rappelle. »

La police le convoque à nouveau mais il ne se rend toujours pas au commissariat. De mon côté, je le harcèle au téléphone. Un jour, comme il continue de me mener en bateau, je lui demande solennellement de me jurer que ma fille n'est pas avec lui.

« Un bon pratiquant, quelle que soit sa religion, ne doit pas mentir. Je te supplie de me dire si Léa est avec toi...

— Je te jure sur le Coran qu'elle n'est pas avec moi. Ta fille est une grosse hypocrite, elle s'est jouée de vous... Mais tu sais, tu n'as pas voulu qu'on soit ensemble et je connais des couples comme nous, rejetés par leurs parents, qui ont tout de même vécu leur amour et aujourd'hui ils sont très heureux... »

Il avait répondu à ma question !

Je l'insulte tellement – à en perdre la voix – que ce garçon menace de porter plainte contre moi pour racisme. Sarcastique, je rétorque : « Eh bien, va porter plainte au commissariat. Ça tombe bien, ils t'attendent ! »

Par la suite son portable a été coupé. Il avait sans doute changé une nouvelle fois de numéro. La police ne parvenait plus à le tracer.

Un soir, deux semaines après sa disparition, Léa me téléphone. Entendre enfin sa voix est un immense soulagement. Je respire. Mais elle me dit : « Ne t'inquiète pas, maman, tout va bien, je vais bien, je suis bien entourée, je suis avec des sœurs musulmanes... Je ne suis pas partie à cause de lui, cette religion me convient, je me suis convertie et je ne rentrerai jamais. »

Je suis abasourdie. Dans l'incompréhension totale. Dans la religion musulmane, m'a expliqué un ami, on n'a pas le droit de quitter ses parents par amour pour un garçon. On peut le faire uniquement par amour pour Allah. Je ne sais pas si c'est vrai... mais je ne comprends pas. Et j'apprends de sa bouche qu'elle a été enfermée pendant deux semaines. Elle trouve normal de l'avoir été ! « C'est pour être tranquille, pour apprendre le Coran », me dit-elle. Apprendre le

Coran ? J'évite de lui parler de religion ou de son « mariage » mais j'essaie de la raisonner, de l'apitoyer :

« Te rends-tu compte, Léa, combien de fois je t'ai appelée le jour où tu es partie ?

— Et toi maman, tu te souviens de ce que tu m'as dit ? Que si je partais avec lui, je n'aurais plus d'identité, je serais morte pour toi... Eh bien, juste après mon départ, j'ai cassé la puce de mon portable et je me suis fait passer pour morte. Je me suis dit que comme cela, mes parents me laisseraient tranquille.

— Quoi qu'il arrive, ma fille, je continuerai à te chercher et je ferai en sorte de te retrouver. »

Le lendemain, j'ai communiqué au commissariat de police le numéro d'où elle m'avait appelée, qui comportait l'indicatif de la Bretagne. Ils m'ont dit qu'ils ne pouvaient rien en faire...

« Je préférerais te considérer comme morte. » Cette phrase que j'avais prononcée avait donc tout fait basculer ? Je voulais simplement la faire réagir, lui faire prendre conscience que ce garçon vivait dans un monde dans lequel elle serait enfermée si elle l'y suivait. La pousser à choisir, entre « vivre » et « mourir », entre lui et moi, pour mieux lui faire saisir le danger.

Je m'en veux terriblement de lui avoir dit cela. Je ne me doutais pas que ces mots auraient un tel écho en elle, qu'elle les prendrait au pied de la lettre et s'en servirait comme prétexte pour rompre les amarres.

Avec le recul, je pense qu'elle savait très bien qu'elle ne reviendrait plus. Peut-être avait-elle conscience de faire une énorme erreur en franchissant le seuil de notre porte. Plutôt que de faire demi-tour, elle s'est accrochée. Par fierté, par désir de prouver son indépendance, sa liberté de décision. Elle a choisi d'aller au bout de son choix, quelles qu'en soient les conséquences.

Après cet appel, Léa n'a plus donné de nouvelles.

Les jours ont défilé. Ternes, vides et angoissants. Je ne vivais plus, je survivais à son absence.

Jusqu'à ce coup de théâtre du 8 juillet 2013, où le téléphone sonne à 6 heures du matin.

« Bonjour, madame, c'est le commissariat. Venez tout de suite, nous avons retrouvé votre fille. »

7
Le cauchemar

Quel soulagement, quelle joie, le cauchemar est fini ! Nous rentrerons bientôt tous ensemble à la maison. Malgré tout, j'ai l'estomac noué par le stress et l'appréhension. Léa sera-t-elle heureuse de nous revoir ? Nous nous dépêchons, Thierry et moi, d'arriver au poste de police rattaché au lieu de résidence de B. et qui traite le dossier.

Dès notre arrivée vers 9 heures, nous apprenons que, contrairement à notre attente, la police n'est pas allée déloger notre fille de l'appartement de B. mais l'a retrouvée par hasard, lors d'un banal contrôle d'identité. Léa et son compagnon se baladaient dehors – il faisait très chaud cette nuit-là – et étaient montés sur une butte pour observer la vue. Mais l'endroit étant interdit aux piétons pour cause de travaux, ils se sont fait repérer par des policiers ; ces derniers ont contrôlé leur identité et ont vu que Léa faisait l'objet d'un avis de recherche.

Ils l'ont ramenée vers 4 heures du matin, mais ont laissé partir B. Nous sommes stupéfaits. Ce jeune homme, que je considère comme dangereux car une mineure est partie avec lui (Léa n'a pas encore fêté ses dix-sept ans) et qui n'a pas répondu aux diverses convocations du commissariat, n'est pas inquiété ! Ni retenu ni interrogé, on l'a laissé filer. Que fait la police ? Personne dans ce commissariat n'était au courant du dossier pourtant bien rangé dans les armoires. Après avoir repéré son nom sur la liste des personnes recherchées, les fonctionnaires ont ramené Léa sans se poser de questions. Sans chercher à savoir pourquoi elle figurait sur la liste, ni à feuilleter le dossier. En d'autres temps, une telle désorganisation m'aurait fait bondir. Mais je ravale ma colère et concentre mes pensées sur ma fille. La revoir est la seule chose qui m'importe à ce moment précis.

Pendant que nous patientons dans la salle d'attente qui se remplit, je reçois un appel sur mon portable, d'un numéro caché. C'est B., qui veut savoir si nous avons récupéré Léa. Je lui demande de nous laisser tranquilles, il ne reverra plus jamais notre fille, dis-je avant de raccrocher. Il a beau rappeler plusieurs fois, je laisse sonner dans le vide.

Très en colère, je m'exclame : « Enfin, pourquoi ma fille est-elle partie avec ce musulman...

J'en ai assez ! » Un homme qui attend son tour intervient : « Vous avez quelque chose contre les musulmans ? » J'explose : « Mais non, monsieur ! Mon père est noir, ma mère est blanche, je suis antillaise. Je n'ai rien contre les musulmans, il ne s'agit pas de race ni d'origine. »

Un inspecteur vient nous chercher pour nous auditionner dans son bureau. Je m'étonne que personne n'ait l'air au courant de notre affaire. « Pourtant, votre commissariat a un dossier sur ma fille, une plainte pour disparition inquiétante. » Oui, mais le commissaire est en congé aujourd'hui, explique le fonctionnaire.

Pendant que mon mari achève de signer les documents, je reviens dans la salle d'attente. Un autre policier, qui est antillais, m'accompagne au premier étage, vers la cellule où Léa a passé une partie de la nuit. Il a entendu ma tirade sur mes origines ; il est d'une grande gentillesse et compatit. « Préparez-vous, madame, vous allez avoir un choc. » Il ouvre la cellule et pour un choc, c'en est un. Je manque de tomber dans les pommes. Ma fille est en burqa. Une ample burqa grise qui l'enveloppe des pieds à la tête, ne laissant voir que son visage. Mon Dieu, qu'elle est pâle ! Elle a les traits tirés par la fatigue, l'air triste. Dès qu'elle me voit, elle baisse les yeux. « Vous pourriez porter plainte contre le jeune homme qui était avec elle, me suggère le policier. Mais faites très attention... »

« Qu'est-ce que tu dis, toi ? lâche Léa, rageuse.

— Ce n'est pas à toi que je parle, mais à ta mère.

— Que voulez-vous que je fasse... dis-je, épuisée.

— Ma pauvre dame », soupire-t-il.

Dès que Léa sort de cellule, je me mets à crier, l'accablant de reproches. Nous redescendons à l'accueil et elle tente de s'échapper mais je la retiens. Un couple compatissant s'inquiète : « Respirez, madame, calmez-vous... Et cessez de hurler, sinon votre fille va encore vous fausser compagnie. » Mais personne n'est calme. L'atmosphère est tout d'un coup devenue électrique. Tout le monde est concerné par l'affaire, chacun veut mettre son grain de sel et y va de son commentaire.

Un musulman d'un certain âge lance à ma fille : « C'est Carnaval aujourd'hui, ou quoi ? Pourquoi es-tu habillée comme ça ? Tu n'as pas honte de faire ça à tes parents ?

— De quoi je me mêle ? se rebiffe Léa.

— Dis donc, parle-moi autrement, hein. Tu n'es qu'une sale môme. »

Une mère de famille s'exclame : « Mais votre fille n'est pas musulmane ! Que fait-elle en burqa ? »

L'homme susceptible revient à la charge : « Madame, qu'est-ce que vous avez contre les musulmans, d'abord ? » Le policier antillais tente d'apaiser les esprits, leur demande de ne pas se mêler de notre histoire de famille.

En attendant que mon mari nous rejoigne, je surveille Léa qui ne tient pas en place. Elle sort dans la courette qui sépare le bâtiment du portail donnant sur la rue. Je ne la quitte pas d'une semelle. Elle rentre à l'intérieur puis retourne dans la cour deux minutes plus tard, jetant des coups d'œil furtifs à gauche et à droite dans la rue.

« Qu'as-tu à bouger comme ça ?

— Tu ne te rends pas compte… Je suis enfermée depuis 4 heures du matin, arrête donc de me coller comme ça, j'ai besoin d'air…

— Ne me prends pas pour une idiote, tu as convenu avec lui de le retrouver, je vois bien que tu le cherches !

— Mais non, tu dis n'importe quoi… »

Je ne m'étais pas trompée. Au moment où mon mari nous rejoint et où nous sortons dans la rue, quelqu'un interpelle Léa. Un homme tout en blanc surgit devant nous. Il enlève sa capuche et c'est à peine si je reconnais B. Vêtu du qamis, la longue tunique traditionnelle, il a grossi, s'est coupé les cheveux court et porte une longue barbe. C'était bien lui qu'elle attendait. Il est accompagné d'un ami. Nous sommes juste devant le commissariat. Et là, tout part en vrille. Mon mari lui parle mais s'énerve très vite et le ton monte. Tandis que l'ami tente de convaincre B. de s'en aller, j'essaie de retenir Thierry qui saisit le bras du jeune homme et le frappe contre la grille tout en l'invectivant.

Voyant la scène, je pousse Léa dans la cour, à l'abri du portail, puis reviens dans la rue et supplie mon mari d'arrêter. Et soudain je hurle, sur mon mari mais aussi sur B., je hurle toute la souffrance accumulée depuis des semaines, comme un animal à qui on a enlevé son petit. « Honte à toi, je pourrais te tuer tant tu nous as fait souffrir… »

J'ai poussé de tels cris que les deux compères ont décampé. Nous rejoignons notre véhicule garé quelques mètres plus loin mais voilà que B. réapparaît, seul. Il tend à ma fille son téléphone portable, que j'attrape et jette par terre. « Mon cœur, mon cœur, on se retrouvera… » crie-t-il à Léa qui lui répond en arabe. Arrivent alors des habitants du quartier – où vit une importante communauté musulmane – qui s'attroupent autour de notre véhicule. Croyant que nous sommes en train d'enlever une jeune fille, ils protestent bruyamment. La scène risque de tourner au pugilat. Le vacarme est tel que le policier antillais sort du commissariat et fonce sur

B. qu'il plaque contre la grille. Il l'avertit : « Tu as intérêt à fermer ta gueule, sinon… » Pendant ce temps, l'une de ses collègues calme la foule. « Dégagez, s'il vous plaît ! Ces messieurs-dames n'enlèvent personne, c'est leur fille, ils sont venus la récupérer. » Léa continue à hurler, je lui fiche une paire de claques et la pousse dans la voiture.

Sans l'aide de ces deux policiers, nous n'aurions jamais réussi à partir. Mon mari a démarré, et nous sommes partis sur les chapeaux de roue, comme des voleurs.

Dans l'auto, je lui ai arraché son voile et je n'arrêtais pas de lui flanquer des claques, moi qui ne l'avais jamais frappée de ma vie. Elle me suppliait d'arrêter mais c'était plus fort que moi. Je me disais avec horreur que j'étais peut-être en train de la tuer… Submergée par une vague d'émotions, par la peur, la joie, le soulagement, j'avais totalement perdu le contrôle de moi-même. Epuisés et à cran, nous sommes arrivés à la maison vers midi. Le trajet de vingt minutes m'a paru aussi long qu'un Paris-Marseille.

Tout le monde nous attendait. Mon fils, le fils de mon époux et sa femme, la tante de mon ex-compagnon, tous anxieux de revoir Léa. Je l'ai obligée à se changer pour qu'ils ne la voient pas en burqa.

Ma fille se comporte comme si elle n'était jamais partie, allant et venant à sa guise. Assise sur le canapé dans le salon, elle écarte les mains, paumes vers le ciel, et se met à prier. Elle me dit : « Tu vois le vent, là ? C'est Allah qui envoie le vent… Si tu as soif, ce n'est pas toi qui as soif, c'est Allah qui te dit de boire… » Elle va dans la salle de bains à plusieurs reprises. Lorsque j'y vais à mon tour, le sol est trempé. « Léa, qu'est-ce que tu fabriques, pourquoi as-tu mis de l'eau partout ? » Je l'ai su plus tard : elle avait fait des ablutions pour se purifier.

La mine sombre, son frère rumine une colère rentrée mais n'ose pas se fâcher. Il lui dit tout de même : « Te rends-tu compte du mal que tu as fait à papa et maman ? Et combien tu as fait souffrir maman ? » Léa ne répond pas. Son visage terne ne trahit aucune émotion. Tout le monde la regarde, stupéfait. Elle se comporte comme si tout était normal, va se servir dans le frigo, revient dans le salon, reste les yeux baissés sur ses pieds sans ouvrir la bouche… Je ne comprends rien à son attitude. Tout à coup, elle réalise que la porte de la maison est ouverte et que les passants peuvent voir le salon de la rue. Elle plonge à quatre pattes par terre. « Il y a des garçons sur le trottoir d'en face… Il ne faut pas qu'ils me voient, je n'ai pas le droit de me montrer ! »

J'hallucine. Ma fille est-elle possédée ? Sommes-nous dans un remake de *L'Exorciste* ? Que lui arrive-t-il, a-t-elle subi un lavage de cerveau ?

« *Commande aux femmes qui croient de baisser leurs yeux et d'observer la continence, de ne laisser voir de leurs ornements que ce qui est à l'extérieur, de couvrir leurs seins d'un voile, de ne faire voir leurs ornements qu'à leurs maris ou à leurs pères, ou aux pères de leurs maris, à leurs fils ou aux fils de leurs maris, à leurs frères ou aux fils de leurs frères…*[1] »

Après le départ de nos proches, Léa passe tout l'après-midi à me parler d'Allah et de sa religion. Exténuée, au bout du rouleau, je ne peux rien faire d'autre que l'écouter. Thierry, lui, excédé par le discours de sa fille, nous abandonne. Une fois Léa montée dans sa chambre, mon fils vient me tenir compagnie dans le salon : « Tu sais, maman, elle va repartir. »

Je téléphone au commissariat pour leur demander de mettre un policier de garde devant chez nous. Ce n'est pas possible, me répond le fonctionnaire. Je le supplie presque. « Vous vous rendez compte qu'il peut très bien venir la chercher ? Et s'ils viennent à plusieurs ? » On est en juillet, nos effectifs sont très dégarnis, me dit-il, désolé.

---

1. Sourate 24, « La Lumière ». (Trad. Kazimirski.)

« Je ne peux tout de même pas l'attacher, dis-je, au bord des larmes, à Sébastien. Qu'est-ce qu'on va faire, veiller à tour de rôle ?

— Tu devrais l'emmener à l'étranger tout de suite, vous devriez partir immédiatement toutes les deux en Suède, chez ta belle-sœur. »

Sébastien insiste. Mais je ne veux pas laisser mon mari seul. A cela s'ajoute une difficulté technique : je n'ai pas de passeport, m'en faire délivrer un prendrait du temps. Aujourd'hui, je regrette de ne pas avoir pris la décision de résoudre cette question – la police aurait peut-être accepté de me délivrer un document en urgence. Si une mère qui avait vécu le même genre d'histoire que moi – comme les dizaines de mères que j'ai rencontrées quelques mois plus tard – m'avait dit ce que je sais aujourd'hui, à savoir que planait sur nous un danger encore plus terrible, je n'aurais pas hésité une seconde. Je serais partie aussitôt avec elle.

Mais nous étions alors naïfs et désemparés, ne sachant pas quel comportement adopter. Quand votre enfant qui était parfaitement normale, joyeuse et en bonne santé, devient en quelques semaines une parfaite inconnue, comment faites-vous pour vous adapter ?

Je dors sur le canapé du salon, laissant la porte ouverte pour guetter le moindre bruit. De là, j'ai vue sur l'entrée. Dans la nuit, j'entends du bruit dans la salle de bains voisine du salon. « Léa, c'est toi ? Qu'est-ce que tu fais ?

— C'est rien, maman, c'est le chat, il était enfermé dans la salle d'eau. Rendors-toi. »

Le lendemain matin, après m'être levée, je vais dans la cuisine. Un mot m'attend sur la table. Avant même de le lire, je *sais*. La fenêtre qui donne sur la courette devant la maison est entrouverte et les volets aussi. Pour éviter de faire du bruit en tournant la clé dans la serrure, Léa s'est enfuie par la fenêtre de la cuisine. Elle a sauté dans la cour et escaladé la grille.

8

Le contrecoup

Il y a des jours où l'on souhaiterait que le monde s'arrête. Où l'on voudrait ne plus rien demander à personne, ne plus parler, creuser un trou quelque part dans le sable et s'y recroqueviller pour disparaître. La fuite de Léa m'anéantit. Le gazouillis des oiseaux, le rire des enfants dans le jardin d'à côté, je ne les entends plus. Je suis comme enfermée dans une bulle de souffrance et mon corps se vide de toute énergie. Je passe de longues heures pelotonnée en boule sur mon lit, n'attendant plus qu'une chose : que mon cœur cesse de battre.

Elle nous a appelés le lendemain de son départ. Je lui ai dit que je ne savais pas comment remonter la pente après ce deuxième choc. Thierry m'a pris le téléphone des mains. « Laisse ta mère se reposer, a-t-il intimé d'un ton sec.

— Papa, je vous aime quand même. »

Il a raccroché.

Mes proches s'inquiètent de me voir dans cet état. Moi, la battante, la mère de famille pleine d'entrain, je ne suis plus que l'ombre de moi-même. Je fume cigarette sur cigarette. Alors que d'ordinaire je prends tant de plaisir à écouter les autres me relater leurs petits bonheurs ou leurs tracas, je me replie sur moi-même ; accablée, vidée, je suis aux abonnés absents.

Cet été-là, je le passe comme dans un brouillard. Plantée devant l'ordinateur, je navigue au hasard sur Internet. Avec le vague espoir de trouver des gens comme moi, des parents qui auraient vécu la même histoire.

Mais autant chercher une aiguille dans une botte de foin. J'ai l'impression de rouler sur une autoroute pleine de panneaux fléchés, sans savoir quelle sortie emprunter.

Hormis mon entourage et quelques collègues, je n'ai dit à personne que notre fille nous a quittés. La nuit, je revois les images heureuses de sa petite enfance à son adolescence, comme si je visionnais un film. Léa à deux ans, à la Guadeloupe, poussant des cris de joie en prenant son premier bain dans les bras de son père. La mer calme et peu profonde ne l'effrayait pas. Léa à treize ans, se promenant avec moi dans les rues de Paris, me tenant la main et me disant : « Maman chérie, je t'aime. » Je m'invente tout un scénario, m'imaginant qu'elle va bientôt revenir. Elle ouvrira le portail, gravira de son pas léger les trois marches menant à la porte d'entrée et déboulera dans la cuisine en riant, comme avant. Elle redeviendra l'adolescente qu'elle était il y a encore six mois à peine. Sur le moment je ne m'en rends pas compte mais je suis plongée dans un profond déni, occultant la réalité de ce deuxième départ. Je réfute l'évidence : notre fille n'est plus là... L'événement est si incroyable, si difficile à digérer qu'il est tentant de se replier sur soi.

Petit à petit, cependant, je reprends du poil de la bête grâce au soutien de mes proches. Ma nièce me téléphone trois fois par jour, passe souvent me voir et reste parfois dormir chez nous. Sébastien, mon fils, me réconforte aussi, à sa manière. Bouleversé par le départ de sa sœur qu'il aime tant, il a d'abord failli annuler son mariage. Puis, sous le coup de la colère, il a jeté tous les cadeaux de Léa, les souvenirs de vacances, mis à la poubelle toutes les photos où elle apparaissait. Il ne veut plus entendre parler d'elle, ni même qu'on prononce son nom. Je ne suis pas d'accord. « Ta sœur est vivante, il ne faut pas tout renier même si elle a fait une erreur. »

En tout cas, sa tendresse et son affection me font chaud au cœur et me redonnent du courage. « Ma petite maman que j'aime, tu es quelqu'un de fort, tu vas te battre. Il faut que tu parles de cette histoire, pour que les gens comprennent et que cela n'arrive plus. »

J'ai aussi la grande chance d'avoir mon mari à mes côtés. Il arrive que la souffrance ébranle un couple ; qu'elle le mine et finisse par le défaire. Mais la peine n'érode pas notre amour ni notre complicité. Nous sommes plus soudés que jamais dans cette épreuve. Accepter la réalité n'est pas facile ; c'est un long chemin fait de haltes et d'hésitations, que nous suivons ensemble. Quelques jours après son départ, nous prenons tous deux la décision d'ôter les quelques photos de Léa qui ornaient le manteau de la cheminée et un portrait d'elle – une gouache faite par un artiste d'après photo – accroché au mur de notre chambre. Ces portraits sont trop chargés d'émotion. Sur l'une des photos, mon mari est allongé sur un transat dans le jardin et Léa, toute petiote, dort paisiblement, couchée en boule sur son ventre. Voir ces images chaque jour, cela fait trop mal, c'est au-dessus de nos forces. Pas question pour autant de les jeter ; je les mets de côté soigneusement.

L'été fini, je sors progressivement de l'espèce de léthargie où j'étais plongée. L'énergie revient et, avec elle, le désir de passer à l'action. Je veux me battre, remuer ciel et terre. Pour tenter de récupérer ma fille. Pour rester debout et continuer à vivre.

9

Départ en Syrie

Les ponts ne sont pas totalement coupés. Pendant l'été, Léa m'envoie quelques messages par mail et par SMS. Au début, ce sont des mots gentils pour prendre de nos nouvelles. Puis elle se met à conclure ses phrases d'un « Allah est le plus grand » ou « Maman, tu ferais mieux de te convertir à l'islam ». A partir du mois de septembre, elle me téléphone régulièrement. « Maman, je voudrais que tu me fasses refaire ma carte d'identité. » La sienne est périmée. Elle a emporté son passeport, qui expire prochainement, le 9 décembre. A ce moment précis, je ne fais pas le lien entre tous ces éléments. Je pense simplement que si elle n'a plus de carte d'identité ni de passeport valide, elle ne pourra pas aller bien loin. « Je ne ferai pas refaire ta carte, réponds-je avec fermeté. Te rends-tu compte que tu fais tout et n'importe quoi ? Tu quittes la maison, à seize ans et demi !

— Tu n'as qu'à m'émanciper, comme ça tu seras débarrassée de moi.

— Il n'en est pas question ! Tu reviens à la maison et quand tu auras dix-huit ans, on en reparlera. »

Pendant deux mois, elle m'appelle régulièrement avec la même demande. C'est un dialogue de sourds ; elle a beau me harceler au téléphone, je refuse catégoriquement.

Lorsque je lui demande pourquoi elle désire son émancipation, elle élude ma question. Toutes sortes d'idées me traversent l'esprit. Elle est peut-être enceinte et croit que cette procédure lui permettra d'épouser B. rapidement. Ce en quoi elle se trompe car si l'émancipation confère certains droits à un mineur – par exemple, ouvrir un compte bancaire, signer un contrat de travail –, ce dernier, même âgé de seize ans, a toujours besoin de l'autorisation de ses parents pour se marier.

Elle veut vivre comme une adulte. Ou bien, autre hypothèse, B. la pousse dans cette démarche, pensant qu'il échappera à d'éventuels problèmes avec la justice si la jeune mineure qui est sa compagne n'est plus sous autorité parentale.

Frustrée du peu de progrès de l'enquête policière, je décide de recruter… un détective. En surfant sur le Web, je suis tombée sur l'interview d'un « privé ». Il racontait comment il avait retrouvé un jeune homme disparu en Russie.

Je lui ai aussitôt téléphoné et lui ai envoyé un premier chèque pour qu'il se renseigne. Léa et son ami étaient-ils toujours en région parisienne, pouvait-il collecter des informations sur B. ?

C'est seulement après avoir embauché cet enquêteur que je mets au courant Thierry, qui m'approuve. L'homme glane rapidement quelques informations : les deux oiseaux habitent toujours le même appartement, dans le département voisin du nôtre, et B., qui pointe au chômage, a indiqué à Pôle emploi qu'il allait reprendre une formation.

Un soir, je monte dans la chambre de ma fille pour commencer à la ranger. Cela fait quatre mois qu'elle est partie et nous nous faisons peu à peu à l'idée qu'elle ne reviendra pas de sitôt. Thierry et moi avons décidé de repeindre la pièce pour que ma belle-mère y mette ses affaires. Je remarque alors qu'un tiroir de la commode est entrouvert. J'ouvre tous les autres tiroirs et le placard où elle rangeait ses vêtements. Vides ! Elle a quasiment tout emporté. Elle est donc passée récemment à la maison à un moment où elle savait qu'il n'y aurait personne. Brusquement je réalise qu'un fait m'a échappé : Léa a gardé son trousseau de clés ! Elle a donc été libre d'aller et venir à sa guise dès que nous étions sortis. Secouée par la période cauchemardesque que je viens de vivre, je n'y avais même pas pensé.

11 novembre 2013. Elle laisse un message dans l'après-midi sur mon portable. Je l'écoute le soir en rentrant chez moi, car j'ai oublié mon téléphone à la maison. Cette journée fériée, je l'ai passée chez mon père. Avec le temps, nous sommes de plus en plus complices ; je lui rends fréquemment visite ou l'emmène faire des courses, et il vient souvent passer le week-end chez nous.

« J'espère que vous allez bien, je rappellerai plus tard », dit la voix enjouée de Léa sur mon répondeur. Je m'attendais à ce qu'elle me souhaite, avec un peu de retard, mon anniversaire qui tombe le 7 novembre. Quelques jours auparavant, j'ai fêté mes cinquante ans avec des amis. Le temps d'une fête à la maison, autour de pâtes aux fruits de mer accompagnées de prosecco, j'ai oublié mes soucis.

Pas de bons vœux ; toutefois entendre sa voix chaleureuse me fait du bien.

Le lendemain, vers 15 heures, alors que je suis au travail, un message tombe dans ma boîte mail : « Maman, je vais vous faire du mal mais je vous dois la vérité : je suis partie à l'étranger, dans un pays en guerre. » Atterrée, je lis et relis la phrase. Durant quelques secondes, je refuse d'y croire. C'est une erreur. Ce n'est pas à moi que ça arrive. Elle n'a pas fait ça, tout de même ? Puis j'appelle mes proches. Autour de moi, c'est la stupéfaction et l'incrédulité. Ni mon mari ni mon fils ne croient à cette nouvelle. « Léa n'est pas assez courageuse, c'est du bluff », assure Sébastien. Elle aura échafaudé ce scénario pour qu'on la croie hors de France et qu'on la laisse tranquille, opine-t-il. En revanche, ma nièce est d'un avis contraire. « Avec son mètre soixante-trois et ses quarante-cinq kilos, ta fille est peut-être une crevette mais elle est tout à fait capable de faire ça. » Je penche aussi pour ce scénario. Léa est craintive mais avec B. à ses côtés, elle s'est sentie assez forte pour s'embarquer dans cette aventure. La relation avec son compagnon l'a galvanisée. Cela ne m'étonnerait pas non plus qu'elle ait voulu nous défier en nous montrant de quoi elle était capable. C'est une têtue, une obstinée.

Affolée, je lui réponds par mail le jour même. « Qu'es-tu allée faire avec l'autre, dans une guerre qui ne te concerne pas ? Qu'as-tu dans la tête ? Si tout cela est vrai, il est hors de question que tu restes là-bas. Je vais voir ce que nous pouvons faire. J'espère que tu n'es pas partie en Syrie pour servir de bombe vivante ?!

— Oui, je suis partie en Syrie et je ne reviendrai plus.

— N'êtes-vous pas en train de vous jouer de nous ? Si tu es enceinte, je préférerais que tu me le dises carrément, plutôt que de raconter des bobards.

— Non, je suis vraiment en Syrie, maman, je ne te mens pas. J'ai acheté une carte Internet en Turquie pour t'envoyer ce message. »

Furieuse, deux jours plus tard, je la préviens que je vais déposer plainte contre B.

« Bah, je m'en moque. Je suis plus en France et je reviendrai plus jamais. Demande aux flics ce qui en est des gens qui partent en Syrie : ils ne peuvent plus rien faire, sauf si ces gens décident eux-mêmes de revenir. Je demande à mon Seigneur de te guérir. Je me fous de la vie d'ici-bas, moi je veux mourir pour Allah et élever Sa parole. Les mécréants tuent des gens qui n'ont rien demandé et qui veulent simplement adorer Allah. »

Je lui réponds quelques jours plus tard, le 19 novembre. La colère me submerge. Qu'elle soit aussi crédule me met hors de moi.

« LOL !!! Le Coran est le seul livre saint à être intact depuis 1 400 ans, alors arrête de te chercher des excuses. Et puis bien joué le cliché fanatique et extrémiste du 20 h de TF1 !! Pff, vous êtes des cerveaux lavés par le Diable. »

Elle me renvoie aux faits divers qui ont pu secouer l'Eglise catholique. Un livre saint qui combat un autre livre saint !

Puis le silence. Je la bombarde de messages, dix à quinze par jour, la suppliant : « Donne-nous de tes nouvelles, nous devons savoir ce qui t'arrive. » En vain. Pendant plus d'un mois, elle ne donne pas signe de vie.

Bien que je n'en aie pas encore la confirmation définitive, et que j'espère ardemment qu'elle ment, je suis quasiment convaincue qu'elle dit vrai et est en Syrie. « Je veux mourir pour Allah. » L'a-t-on droguée pour qu'elle parle ainsi, elle qui n'a jamais tenu ce genre de discours ni manifesté un grand intérêt pour la religion ? Lorsque je récitais mes mantras, elle me regardait d'un œil sceptique : « Si ça peut te faire du bien… »

Pas un instant l'idée ne m'effleure que le couple a rejoint un groupe djihadiste en Syrie. Je ne sais d'ailleurs pas grand-chose de la situation là-bas. J'imagine plutôt ma fille en dehors de la zone de guerre. D'autres dangers me viennent à l'esprit. Et si elle tombait dans un réseau de traite des Blanches ? Toutefois mon angoisse s'apaise lorsque je me dis qu'elle n'est pas seule. Bien que je n'approuve pas la relation avec son amoureux, elle est au moins avec un garçon qui l'aime et qui la protégera. Le paradoxe est qu'en dépit de tous ses défauts, B. est un gage de sécurité et cela me rassure un peu.

Comment Léa a franchi la frontière, je l'ignore encore. Le fait qu'on ne l'ait pas interceptée est incompréhensible. Dire que la police m'avait affirmé qu'elle ne pourrait pas quitter le territoire puisqu'elle était recherchée pour disparition inquiétante ! La juge du tribunal pour mineurs me l'avait également confirmé. Les autorités veillaient au grain, m'avait-on assuré. J'étais donc convaincue que, dans les aéroports, les policiers consultaient le fichier des enfants disparus et qu'ils auraient remarqué une personne figurant sur cette liste.

Mais elle est passée entre les mailles du filet.

Le départ de Léa à l'étranger sonne le glas de mes espérances. Tant qu'elle était en France, j'avais des chances de la revoir. J'étais prête pour cela à remuer ciel et terre, à parcourir tout l'Hexagone s'il le fallait. J'avais confiance, j'étais animée de ce sentiment de toute-puissance que donne l'amour maternel. Une maman peut tout, elle accomplit l'impossible et, mue par un instinct infaillible, déplace des montagnes.

Mes illusions s'écroulent comme un château de cartes. Désormais Léa est inaccessible. Je me dis que je ne la reverrai plus et cette pensée me brise le cœur.

Le comble est que j'ai contribué à sa fuite. En refusant de renouveler sa carte d'identité, je l'ai poussée à quitter la France au plus vite, avant que son passeport n'expire. Le couple avait certainement décidé de partir mais mon opposition a précipité leur départ.

10

Dépôt de plainte pour enlèvement

Ma fille a quitté la France de son plein gré. Elle n'a été ni kidnappée ni menacée. Mais elle ne serait jamais partie seule en Syrie, c'est pour moi une évidence. Sans B., sans l'emprise qu'il exerçait sur elle, elle n'aurait pas abandonné sa famille, son domicile, son avenir en France. Elle est sous influence. Thierry et moi tenons donc à porter plainte contre le jeune homme, ce que l'association CFPE-Enfants disparus nous a d'ailleurs conseillé de faire. Nous ne voulons pas nous contenter d'un classement en « disparition inquiétante ». A seize ans, on n'est pas mûr pour décider de sa vie. Pour moi ce garçon devrait être jugé et puni. Une mineure est partie avec lui, et elle est si jeune.

Bien que la police nous ait indiqué que ce n'était pas possible puisque notre fille a atteint sa majorité sexuelle, je suis convaincue qu'il existe un moyen légal de poursuivre B. Il nous reste à trouver lequel.

La rencontre avec une juge va nous éclairer sur ce point.

A la suite de notre déclaration de « disparition inquiétante », nous sommes enfin convoqués au tribunal de Bobigny le 6 décembre 2013. La juge pour mineurs nous reçoit. Cette petite femme énergique et efficace est chargée de notre dossier. Ignorant ce qui s'est passé depuis notre première plainte, elle nous propose une « assistance éducative ». C'est un ensemble de mesures pouvant être prises par le juge lorsque le mineur est en danger ; lorsque sa santé ou sa sécurité sont menacées ou que les conditions de son éducation ou de son développement sont gravement compromises. La magistrate pensait à un placement dans une maison pour jeunes filles délinquantes ou à un suivi psychologique.

Nous lui apprenons que c'est trop tard ; à l'heure où nous parlons, Léa se trouve sans doute en Syrie ! Cette assistance ne pourrait être envisagée qu'après un éventuel retour de notre fille. Mais cela ne nous semble pas une solution adéquate. Certes, nous comprenons bien que dès lors qu'une déclaration de « disparition inquiétante » est enregistrée, le sort de l'enfant se trouve entre les mains du juge, dont les parents sont censés accepter les décisions. Toutefois, cela me serrerait le cœur que notre fille soit traitée comme une délinquante.

Au vu de notre récit, la juge réévalue la situation. Si notre enfant revenait, propose-t-elle, il faudrait appliquer les mêmes mesures que pour un toxicomane, et prévoir un séjour en hôpital. Elle me demande pourquoi nous ne l'avons pas fait interner lorsque nous l'avons retrouvée un mois après sa fugue. J'explique que l'idée m'a traversé l'esprit quand nous avons récupéré Léa au commissariat, car j'ai bien vu qu'elle avait subi une sorte de lavage de cerveau. De là à passer à l'action, c'était autre chose. Lorsque j'étais enfant, ma tante avait fait enfermer l'un de mes oncles. A l'époque, l'hôpital psychiatrique évoquait un environnement effrayant et répressif. Je gardais un très mauvais souvenir du traitement imposé à mon oncle et cela me faisait peur. C'est dur, pour une mère, de faire interner son propre enfant. Je ne me voyais pas du tout prendre cette décision.

En outre, nous espérions que Léa recouvrerait ses esprits en retrouvant sa maison, sa grand-mère et ses parents, son chat, bref, sa vie *d'avant*.

Finalement, la demande d'assistance éducative n'a pas lieu d'être et cette partie du dossier est clôturée. Nous faisons alors part à la juge de notre souhait de porter plainte pour enlèvement. Cela fait six mois qu'on nous répond qu'il est impossible de déposer plainte contre B. d'autant qu'il n'y a aucun lien de parenté entre eux. Après s'être penchée sur les textes, la magistrate trouve un article de loi qui permet de porter plainte pour « soustraction de mineur sans ascendance ». Il s'agit de l'article 227-8 du Code pénal qui sanctionne le détournement de mineur par une personne autre qu'un ascendant, c'est-à-dire autre que le père, la mère ou un grand-parent. « Le fait de soustraire, sans fraude ni violence, un enfant mineur des mains de ceux qui exercent l'autorité parentale ou auxquels il a été confié ou chez qui il a sa résidence habituelle est puni de cinq ans d'emprisonnement et de 75 000 euros d'amende », stipule l'article.

Le fait que la victime mineure consente à suivre son ravisseur n'empêche pas la constitution du délit, nous explique la juge. De même, que l'auteur et la victime aient eu des relations sexuelles ne change rien au crime. Ce texte de loi vise à punir un enlèvement commis par un membre de la famille mais qui n'est pas un ascendant direct, par exemple un oncle ; ou par toute autre personne qui n'a aucun lien familial avec l'enfant. L'article a également pour but de protéger les jeunes tombés sous l'influence d'une secte.

La juge réactualise notre dossier et nous conseille de porter plainte contre B. pour « soustraction de mineur et mise en danger d'un mineur ».

Elle nous recommande d'adresser notre requête au plus vite au procureur de la République de Bobigny sans passer par le commissariat. Si nous retrouvons notre fille, la justice demandera l'internement, c'est le seul recours légal possible pour l'empêcher de repartir et pour nous assurer que son dossier ne sera pas classé lorsqu'elle atteindra sa majorité. Que Léa revienne d'elle-même en France, je n'y crois plus. Mon seul espoir est que la police aille la chercher parce qu'elle est une mineure.

Il ne nous reste plus qu'à espérer que le procureur accepte notre plainte. Nous sommes prévenus que l'attente peut durer des mois…

Au bout de trois semaines, piaffant d'impatience, je reprends contact avec la juge. Soulagement : la réponse du bureau du procureur est positive. Pour Thierry et moi, c'est une petite victoire. Notre dossier a été pris en considération, notre cas entendu. Cela signifie qu'une enquête sur B. va être lancée. Cependant, les chances de le voir comparaître sont infimes car il faudrait pour cela qu'il revienne de Syrie.

Forte de cette avancée, pleine d'énergie, je décide de contacter un maximum de personnes et d'explorer toutes les pistes. J'écris d'abord au président de la République. En surfant sur la Toile, j'ai appris que chaque citoyen pouvait adresser un courrier au chef de l'Etat *via* Internet. Je reçois aussitôt un accusé de réception du cabinet de la présidence.

CFPE-Enfants disparus me conseille de contacter l'ARPD (Assistance et recherche de personnes disparues), une organisation basée dans le nord de la France, mais qui a des antennes sur tout le territoire et est en liaison avec d'autres pays, notamment la Belgique. Je raconte mon histoire à la vice-présidente de l'association, en lui dressant la liste de toutes les personnes que j'ai déjà contactées. Sympathique et serviable, cette femme est prête à m'aider. Mais je sens à sa voix légèrement paniquée au bout du fil que mon cas la dépasse. « Nous ne sommes pas armés pour traiter ce genre de disparition, nous nous occupons surtout des enfants fugueurs. » Elle me conseille de réécrire au président de la République française, François Hollande, mais d'adresser cette fois mon courrier en recommandé. « Précisez que vous êtes en relation avec l'ARPD. Nous sommes reconnus et, à mon avis, vous aurez des nouvelles très rapidement. »

Effectivement, une semaine plus tard, je reçois une réponse du cabinet du président de la République. Cette fois, la lettre ne se borne pas à accuser réception de mon courrier mais restitue les principaux éléments du dossier, ce qui prouve qu'il a été lu. Elle m'informe aussi que le dossier a été transmis au ministre de l'Intérieur, Manuel Valls.

Toutes ces démarches finiront bien par produire leurs fruits et à faire avancer l'enquête. Je reprends un peu confiance.

11

Nouvelles de Syrie

Peu avant Noël, Léa répond enfin à mes mails. « Ne vous inquiétez pas, je vais bien ; je ne peux pas répondre tout le temps, soit parce qu'il n'y a pas d'électricité, soit parce que je n'ai pas toujours accès à un ordinateur », dit-elle en substance. Comme il n'y a pas de Wi-Fi en Syrie, elle ne peut pas utiliser sa tablette. Je n'ai aucune idée du lieu précis où elle se trouve. « Je ne peux pas te le dire », me répond-elle. Comme elle fait parfois allusion à des « sœurs musulmanes » qui ont l'air d'être des voisines, je suppose qu'elle et son compagnon vivent dans une communauté. Ou bien qu'ils partagent un immeuble avec d'autres familles. Je m'imagine une bâtisse aux murs couleur sable, dotée d'une grande cour et d'une cave qui sert d'abri. Elle m'envoie ses messages écrits *via* Skype en empruntant l'ordinateur d'une « sœur musulmane ». De mon côté, j'ai l'application Skype sur mon smartphone et suis connectée en permanence ; toujours sur le qui-vive, je guette l'arrivée du moindre courrier. Le nom qui apparaît alors à l'écran est *Oum Abdul Wadoud*. J'ai appris plus tard que toutes les jeunes filles qui arrivent en Syrie reçoivent un surnom commençant par *Oum*, qui veut dire « mère ». Et que *Abdul Wadoud* est le nouveau nom de son compagnon. *Abdul* signifie « père » ou « serviteur » et *Wadoud*, qui veut dire littéralement « l'aimant », serait une sorte de prophète radical.

Le 23 décembre, j'écris pour lui souhaiter de bonnes fêtes de Noël, bien que je sache pertinemment que les musulmans ne célèbrent pas la naissance du Christ. « Je suis musulmane, tu n'as plus à me souhaiter un joyeux Noël », tape-t-elle.

— Tu peux être musulmane et tolérante, et donc accepter que je t'adresse mes souhaits.

— Ça ne me concerne plus. Je veux bien vous souhaiter un joyeux Noël à papa et à toi. Mais à personne d'autre. Tes amis, ton entourage, je ne leur souhaite rien du tout. »

Le 29 décembre, j'écris « Bonne année 2014 », en ajoutant « Quoi qu'il arrive ». Elle rétorque : « Garde ta bonne année. Je suppose que tu as passé ton 31 décembre en famille, moi je l'ai passé sous les bombardements. De toute manière je n'ai pas à répondre à des mécréants comme vous. Vous êtes des kouffars de mécréants. »

Les kouffars sont les infidèles.

Il y a de quoi être déconcertée. Tantôt je reçois des petits mots affectueux, comme c'était le cas avant Noël, tantôt j'ai droit à une réplique cinglante. Le changement de ton est si frappant que je me demande si B. n'en est pas l'auteur. Ou s'il la surveille et l'oblige à employer certaines formules. Elle est sans doute endoctrinée. « Ils m'ont dit que je devais me "laver de ma mère" », m'explique-t-elle. Et donc rompre le lien avec moi, et se défaire de mon influence.

Le 1er janvier, pour me montrer qu'elle se trouve bien en Syrie, elle m'envoie pour la première fois une photo.

Une femme en niqab, cheminant seule dans une rue poussiéreuse. Quelques immeubles intacts, d'autres à moitié en ruine, bordent ce paysage désolé. La femme porte une kalachnikov en bandoulière.

Ce n'est pas tant la photo qui me choque que le commentaire de Léa.

« Regarde, maman, c'est moi ! »

Or ce n'est pas elle. Je reconnaîtrais sa silhouette entre mille. La photo représente une femme mûre, grande, à la poitrine imposante. Ce n'est pas Léa, mais cela *pourrait* être elle.

Je montre l'image à Thierry. Nous sommes tous deux choqués qu'elle se moque de nous. Elle s'amuse comme une gamine de la guerre, de la peur qu'elle nous cause. Elle a perdu tout sens de la réalité, me dis-je.

Je suis plus désespérée qu'ulcérée. Cette photo me plonge dans ce monde qui est devenu le sien, au cœur de la guerre. A-t-elle suivi un entraînement militaire ? Elle élude ma question.

Plus tard, je lirai dans la presse que les femmes reçoivent une formation sommaire au maniement des armes durant deux semaines.

Des images insoutenables m'assaillent, je la vois atteinte par une bombe, sautant sur une mine. Elle y succombera et je ne la reverrai pas. Une peur panique de la perdre m'envahit. « Léa, tu es en danger, tu peux mourir !

— Je suis partie pour Allah. C'est Allah qui décidera du jour où je dois mourir et je devrai l'accepter.

— Moi, j'ai peur que tu meures.

— Mais si je fais tout pour le prophète et que je mène une vie exemplaire, j'irai automatiquement au paradis. Et toute ma famille aussi ! Maman, ce serait ma plus belle récompense : que tu ailles au ciel grâce à moi et qu'on s'y retrouve toutes les deux. »

Je savais toute l'affection que ma fille avait pour moi. Son attachement, son adoration pour moi, j'en étais pleinement consciente. Et pourtant je suis sidérée par ce qu'elle écrit. Je me rends compte qu'elle me porte un amour énorme, immense. C'est pour moi qu'elle donne sa vie à Allah, qu'elle est prête à se sacrifier. Pour que notre relation fusionnelle se poursuive dans la mort et jusqu'au paradis. Le pire, c'est que, malgré l'éloignement géographique, nous soyons toujours dans ce lien si fort. Et je n'arrive pas à faire comprendre à Léa que ce qu'elle dit est aberrant ; je ne parviens pas à l'écarter de ce sentiment, à la ramener à la raison.

Après ce dialogue, c'est le silence pendant deux ou trois semaines. Je lui écris presque quotidiennement, sans recevoir de réponse. Le matin, à peine arrivée au centre de loisirs où mon bureau agréable donne sur un petit patio, je me précipite sur l'ordinateur pour voir si Léa a envoyé un mail. Le soir, à la maison, je suis rivée à mon téléphone ou à l'écran de notre PC, guettant le « cling ! » qui annonce la réception d'un courrier. Je dois être la maman la plus connectée de France.

Thierry et moi vivons au jour le jour, ballottés entre l'anxiété et l'espoir. Nous nous posons une foule de questions. Comment en est-on arrivés là ? Aurions-nous pu faire quelque chose pour l'éviter ? Pourtant, nous nous efforçons de ne pas culpabiliser. Mais chacun à notre tour, nous passons par de tels moments de déprime qu'il nous est impossible d'aller travailler. Seule l'enquête policière et toutes les démarches à effectuer nous aident à tenir debout.

Un jour gris de février, elle écrit enfin : « Coucou, Moumounch, comment vas-tu ? J'espère que vous allez bien et que tu prends soin de toi. » Mon cœur fait un bond. Cette fois, je suis sûre que c'est elle. « Moumounch » est le surnom qu'elle me donne depuis qu'elle est toute gamine. Rassérénée, je lui écris : « Cela fait du bien d'avoir de tes nouvelles. » Elle répète que tout va bien, qu'elle a tout ce dont elle a besoin. Je convaincs Thierry de lui écrire. Jusqu'ici il s'en abstenait, de peur de recevoir une réponse qui lui ferait mal. Il souffre beaucoup de l'absence de sa fille et c'est sa manière à lui de se préserver. Moi, je suis dans l'action, toujours en quête d'échanges avec Léa, lui garde un peu de distance pour se protéger.

Léa lui répond gentiment.

Un autre jour, elle raconte qu'elle a fait la cuisine pour elle et ses « sœurs ». Et que celles-ci ont trouvé son plat très bon. « Elles ont dit que tu m'avais bien éduquée ! » Elle cuisinait très bien, d'instinct, sans recette, comme moi. Je me souviens que pour les dix-huit ans de son frère, j'avais projeté de préparer plusieurs cakes au jambon. Elle a insisté pour m'aider et je lui ai montré comment faire. Ensuite, elle a préparé elle-même tous les autres cakes. Il lui avait suffi de me regarder procéder une seule fois pour savoir comment s'y prendre. A douze ans, elle était déjà très débrouillarde.

Comme notre fille est un peu plus communicative en ce moment, je décide de tenter un stratagème pour la ramener vers nous : lui faire croire que je suis gravement malade. Elle sait que je suis sujette à des occlusions intestinales. Je peux en avoir deux ou trois en l'espace de douze mois, puis n'avoir aucun problème pendant des années.

Léa réagit immédiatement. Elle s'inquiète, me demande si je suis à l'hôpital. Je ne lui réponds pas, elle insiste. Je reste muette pendant un temps. Puis je l'informe que je vais être hospitalisée pour des examens et qu'elle ne s'inquiète pas si je ne réponds pas à ses messages. Je reprendrai contact avec elle dès ma sortie. Les jours passent.

Autour du 12 février, Armelle, l'amie d'enfance de Léa, me téléphone. Elle est restée en contact avec Léa, avec laquelle elle communique épisodiquement par courriel ou par messagerie Skype, comme moi. Elle s'enquiert gentiment de ma santé car Léa lui a fait part de ses inquiétudes. Je lui avoue que je joue sur la corde sensible pour ramener Léa vers moi et la supplie de mentir à mon sujet si elle communique avec elle. Elle promet.

Malheureusement elle ne tient pas parole et quelques jours plus tard Léa m'écrit, rageuse. « Tu m'as menti, comment as-tu pu me faire ça !

— Toi aussi, tu m'as menti.

— Je ne te ferai plus jamais confiance, tu es encore plus égoïste que je ne l'imaginais. Il faut que tu te laves de tous tes péchés. »

Et elle me compare à « Iblis » ce qui, dans sa bouche, est visiblement une insulte. Dans le Coran, Iblis – je l'apprendrai plus tard sur Internet – est présenté comme un djinn. C'est un esprit malfaisant créé à partir du feu, qui aurait refusé d'obéir à Allah par orgueil et qui représenterait la part de mal chez l'humain. J'essaie de la rassurer. « Nous, tes parents, nous ne te trahirons jamais. » Elle me répète qu'il faut que je me lave de mes péchés et que j'aille me repentir.

Ecœurée et fâchée contre Armelle qui a vendu la mèche, je m'en veux aussi. Je n'aurais pas dû me livrer à ce petit jeu, qui risque de compromettre le dialogue qui venait de se renouer.

12

Poursuite de l'enquête

Lundi 17 février 2014, 9 h 15. Nous n'avons pas eu de nouvelles de la police depuis le mois de juillet. Après des mois de silence, le commissariat de notre quartier nous convoque, Thierry et moi, pour une nouvelle audition. Une inspectrice qui vient d'intégrer le bureau nous informe que son prédécesseur a été muté. Elle reprend notre dossier – qu'elle a trouvé soigneusement rangé dans un placard ! – car le substitut du procureur a demandé au commissariat où en était notre affaire. Tous les courriers que j'ai envoyés, notamment au président de la République, ont certainement contribué à faire avancer les choses. « Nous voulons vous auditionner à nouveau tous les deux et refaire un compte rendu », nous dit-elle. Cette femme d'une quarantaine d'années, aux longs cheveux blonds, est très cordiale et veut aller au fond des choses. Elle examine avec nous toute l'affaire, point par point. L'audition dure pas moins de cinq heures.

Une fois l'entretien terminé, la policière nous prévient que, vu l'importance du dossier, elle le transfère immédiatement aux services de renseignement.

Le soir même, coup de fil. Nous sommes convoqués dès le lendemain matin à la DGSI, la Direction générale de la sécurité intérieure[1]. Cette branche des services secrets s'occupe du contre-espionnage et est chargée de lutter contre les filières djihadistes en France et de déjouer les attentats dans l'Hexagone.

Le siège de la DGSI étant en travaux, nous avons rendez-vous dans un discret pavillon de banlieue qui abrite quelques-uns de leurs services. Nous sommes très bien reçus par une jeune enquêtrice, tout aussi sympathique que la commissaire rencontrée la veille. L'entretien dure une heure trente. Notre interlocutrice se demande pourquoi tout à coup notre dossier devient extrêmement urgent. « Avez-vous été médiatisés ? » nous demande-t-elle. Je lui explique que cela fait neuf mois que notre fille a disparu, que rien n'avance. Léa n'est plus sur le territoire français, elle est partie avec un homme radicalisé.

---

1. Créée en 2008 et réformée en 2013, la DGSI a remplacé la Direction de la surveillance du territoire (DST). (*N.d.E.*)

Durant la conversation, la policière consulte attentivement son fichier et m'annonce qu'ils ont un dossier sur B.

Personne n'était au courant dans notre commissariat de quartier, pour la bonne raison que ce fichier ne leur est pas accessible. Apparemment, les différents services n'échangent pas leurs informations. L'entretien est alors interrompu par la sonnerie de son téléphone de bureau. La fonctionnaire décroche et à travers les bribes de sa conversation avec son interlocuteur, nous comprenons qu'elle obtient des informations supplémentaires sur B. Mais après avoir raccroché, elle nous indique que ces renseignements sont ultraconfidentiels et qu'elle ne peut nous en dire plus.

Elle nous conseille d'alerter tout le monde sur cette affaire, les autorités, la presse. De donner un maximum d'interviews à la presse. Il faut en parler le plus possible. « Ça arrive aussi à d'autres », ajoute-t-elle. Sur le moment, je ne réagis pas à cette petite phrase qui va néanmoins me rester dans la tête.

Cette enquêtrice me recommande notamment d'écrire au préfet de mon département, qui a autorité sur la police du secteur. Dès le lendemain, j'envoie un courrier à ce représentant de l'Etat. Il est inadmissible que la police n'ait rien fait pour récupérer ma fille pendant qu'elle était sur le sol français, lui dis-je ; comment peut-on laisser une mineure dans la nature ?

Quelques jours plus tard, nous apprenons que la police judiciaire reprend le dossier de notre fille en extrême urgence. Perquisition. Convocation. Audition. Tout recommencer de zéro. Réexpliquer une énième fois.

La PJ nous prévient qu'elle doit venir perquisitionner chez nous. Deux femmes et un homme, plutôt détendus et avenants, débarquent chez nous un vendredi à 9 heures du matin. Nous sommes le 21 février. Habillés en civil, ils sont arrivés dans une voiture banalisée. Je les préviens que nous avons rangé et nettoyé la chambre de Léa, désormais occupée par les bibelots et les vêtements de ma belle-mère. L'important pour eux est que nous leur montrions tout ce qui a appartenu à notre fille. Je leur donne un cahier que j'ai trouvé après son départ, un petit recueil où elle a consigné par écrit comment la femme musulmane doit se comporter vis-à-vis de son mari. Nous leur remettons aussi l'ordinateur portable familial, qu'ils vont emporter pour en examiner le disque dur. Après cette perquisition rapide qui n'a duré qu'une heure, nous repartons avec les enquêteurs car ils désirent nous auditionner. Thierry et moi montons dans notre Clio noire et suivons leur voiture. Direction : quai des Orfèvres, au siège de la police judiciaire.

Arrivés sur les quais de Seine, tout près de Notre-Dame et du Palais de Justice, nous pénétrons dans la cour pavée du 36, quai des Orfèvres. Face au bâtiment classé, surmonté d'une tour pointue, mon mari et moi échangeons nos impressions. Jamais nous n'aurions pensé que nous serions un jour convoqués dans ce monument légendaire où les plus grands criminels de l'histoire ont été interrogés !

Nous n'aurions pas davantage imaginé qu'à cause de notre fille, nous gravirions le célèbre escalier à colimaçon immortalisé maintes fois au cinéma et dans les romans policiers. Aux murs, je remarque des photos de Landru, qui faisait disparaître à petit feu ses nombreuses conquêtes, et du tueur en série Guy Georges. Me reviennent en mémoire des bribes du film *Quai des Orfèvres,* que j'ai vu très jeune ; Louis Jouvet y jouait l'inspecteur Antoine, un type bougon mais bienveillant qui élevait seul son petit garçon. Dans la cour sont présentées d'autres photos ; l'exposition célèbre les cent ans de l'édifice, que l'on vient juste de fêter.

Mon mari et moi sommes entendus séparément, pendant une heure trente. C'est la première d'une longue série d'auditions. En deux mois, nous aurons cinq rendez-vous au quai des Orfèvres. Impossible d'en savoir plus au sujet du dossier. Rien ne filtre et je continue à me poser des milliers de questions. Ainsi, nous ne saurons pas s'ils ont interrogé la meilleure amie de notre fille et sa responsable de stage. « On n'a pas le droit de vous dire... » C'est terriblement frustrant. Pourtant, ces inspecteurs sont pleins de compassion. Ils sont compréhensifs, très humains. Ils ont sûrement des enfants, peut-être des adolescents du même âge que Léa. Mais ils doivent en dire le moins possible. Le seul conseil qu'ils nous donnent est de ne jamais perdre contact avec notre fille. Ecrire, envoyer des messages, quoi qu'il arrive, garder le lien.

La priorité, pour la PJ, est de savoir si Léa est réellement partie en Syrie ou si elle se trouve toujours sur le territoire français. Les policiers font effectuer des recherches et promettent de nous tenir au courant.

Quelques jours plus tard, nous récupérons notre ordinateur. Les policiers n'ont rien trouvé de suspect dans les fichiers ni dans le disque dur. Rien à signaler, non plus, sur le compte Facebook de Léa. Lorsqu'elle s'était créé son profil sur ce réseau social, à l'âge de quinze ans, j'étais à ses côtés. Par la suite, j'avais continué à jeter un œil dessus mais n'avais rien remarqué d'inquiétant. Les seules informations susceptibles de nous aider se trouvent sûrement sur sa tablette, qu'elle a emportée. Voilà pourquoi elle avait supplié son père de lui en offrir une.

Une semaine plus tard, début mars, nous sommes à nouveau convoqués au quai des Orfèvres. La police judiciaire nous confirme que notre fille et son compagnon sont partis le 11 novembre sur un vol Paris-Istanbul avec la compagnie aérienne Pegasus Airlines. D'Istanbul, ils ont pris un car pour se rendre jusqu'à Gaziantep, une ville au sud de la Turquie qui se trouve à soixante kilomètres de la frontière syrienne. Les inspecteurs poursuivent leurs investigations pour savoir si le couple a franchi la frontière. D'après eux, c'est fort probable car beaucoup de gens empruntent cet itinéraire pour se rendre en Syrie. Si Léa est bien là-bas, la police française n'ira pas la chercher. « Nous ne pourrons rien faire. »

Peu de temps après, la PJ nous apprend que Léa et son compagnon se trouvent en Syrie et sont certainement intégrés au groupe ISIS, sorte de successeur d'Al-Qaida. A l'époque, ce groupe de djihadistes sunnites qui a fait main basse sur le nord de l'Irak et prône le terrorisme et la violence ne s'appelle pas encore « Etat islamique ». Les Anglo-Saxons le désignent par les initiales ISIS (Islamic State of Irak and Syria) ou ISIL (Islamic State of Irak and the Levant). En français, cela donne « l'Etat islamique en Irak et au Levant ».

Ce que je sais alors de la Syrie est que ce pays est ravagé par la guerre qui oppose le régime de Bachar el-Assad à différents groupes rebelles, notamment les djihadistes d'ISIS. Je n'en sais guère plus sur ce conflit complexe.

Un fait m'a récemment alertée. En février, Léa a mis un logo sur le profil de sa messagerie. C'était un tout petit emblème, une sorte de trait que j'ai d'abord pris pour le symbole de la marque Adidas. Mais en y regardant de plus près, j'ai vu que c'était un avion percutant une tour en flammes : le symbole de l'attentat d'Al-Qaida, le 11 septembre 2001, contre le World Trade Center à New York.

Puis, en mars, elle a à nouveau changé d'image. Elle a posté la photo d'un drapeau noir portant des inscriptions en arabe.

Cela m'a inquiétée mais je n'ai pas eu l'occasion de lui poser des questions. Depuis notre querelle à la suite de mon « mensonge », elle me bat froid et ne donne plus de nouvelles. De plus, la communication par mail ne permet pas un véritable échange, contrairement à une conversation téléphonique où l'on prend son temps pour dialoguer et argumenter avec son interlocuteur. Avec la messagerie sur boîte mail ou sur Skype, impossible. Un message arrive, et on ne sait pas combien de temps on va pouvoir converser. En Syrie, il y a beaucoup d'interruptions de courant et de coupures Internet. Alors on s'en tient à l'essentiel, on demande : Tout va bien, tu as de quoi manger ? Tu te portes bien ?

Ces minutes sont si précieuses que l'on cherche parfois à éviter les sujets qui fâchent.

J'ignore encore ce que représente ce drapeau noir au slogan en arabe. Je sais simplement que ma fille est partie « pour Allah » et que l'adolescente rieuse d'il y a quelques mois est devenue une femme soumise voilée de noir, confinée dans sa maison.

Léa a été endoctrinée, fanatisée.

13

Retrouvailles au téléphone

Un samedi soir, à la mi-mars, confortablement installés sur le canapé, Thierry et moi regardons un film après le dîner lorsque le téléphone sonne. L'écran de mon portable affiche « numéro masqué ». Qui peut bien appeler à une heure si tardive ?

« Coucou, maman, c'est moi. » Léa, enfin ! Cela faisait quatre mois que je n'avais pas entendu le son de sa voix ; quatre mois que nous communiquions par courriels et par tchats sur Skype et MSN. Mais depuis trois semaines, j'étais sans nouvelles d'elle. « Il faut que tu te repentes de tes péchés », m'avait-elle lancé, boudeuse, après l'échec de ma ruse pour la persuader de rentrer en France.

Ma première pensée est : Elle est en vie. Soulagement. Je respire. Car au fond de moi sommeille toujours la crainte qu'elle soit morte. Chaque signe, chaque petit mot d'elle allège le poids qui pèse sur ma poitrine. Il balaie l'angoisse, chasse ce spectre qui me hante.

« Ça fait du bien de t'entendre, comment ça va ? » Je suis à la fois ravie et pas très à l'aise, c'est notre première vraie conversation depuis qu'elle a quitté la France. Léa aussi semble embarrassée, elle a une toute petite voix. Nous échangeons des politesses, des banalités.

Je lui parle du temps qu'il fait, lui donne des nouvelles de sa grand-mère. Soudain B. prend le téléphone des mains de ma fille et s'immisce dans notre conversation. « Laisse-nous tranquilles, je ne veux ni t'entendre ni te parler », lui dis-je. Lâchant un rire cynique, il se moque de moi. « Tu as le cœur malade, lâche-t-il.

— Oui, effectivement, depuis que tu m'as pris ma fille, que tu me l'as enlevée, j'ai le cœur malade. »

Alors que je voulais l'ignorer, me voilà en train de lui répondre malgré moi. Il rétorque : « Un jour je vais revenir, et on va tous revenir pour vous égorger, toi en priorité ! » Tout cela dit d'une voix posée et suave. Il me semble voir le rictus moqueur qu'il arborait en permanence.

Ses menaces ne me font pas peur. Loin de m'effrayer, ce genre de propos a plutôt tendance à décupler ma pugnacité. Je lui réponds du tac au tac. « Tu viens quand tu veux ! Mais c'est facile de venir à quinze, ce n'est pas vraiment une preuve de courage. » Puis j'exige qu'il me repasse ma fille et il s'exécute.

« Léa, tu as vu comment il me parle ? Comment il se conduit avec moi ? » Avec un filet de voix à peine audible, elle me répond qu'il a raison. Elle s'exprime comme une toute petite fille et paraît totalement soumise.

Thierry prend alors l'appareil et improvise : il lui raconte qu'il est malade. Léa insiste pour qu'il parle à B. et tend le téléphone à son compagnon. « Tu devrais te confier à Allah. Il te nettoierait, te purifierait. C'est Lui qui décide de nos vies. Si tu veux guérir, il faut te convertir, assure B. à mon mari, d'un ton légèrement condescendant.

— Laisse-moi tranquille, je suis bien assez malade comme ça. Ecoute-moi bien. Tu n'aurais jamais dû emmener ma fille en Syrie, et tu sais ce que je pense de toi. Mais je te demande une chose : qu'il ne lui arrive rien. Je veux que tu prennes soin d'elle et que tu la protèges », dit-il avant de raccrocher.

Je sens Thierry soucieux, préoccupé par les menaces de B. de revenir avec ses « frères ». « On ne sait jamais ce qui peut se passer. On devrait en parler à la police, il faut qu'elle soit au courant », juge-t-il. Je me range à son avis. Trois jours plus tard, je me rends au commissariat.

Ce même jour, je reçois un nouvel appel de ma fille. Cette fois, elle est seule et je la retrouve complètement. « Ça va mieux, maman, tu t'es calmée ?

— Mais j'étais tout à fait calme ! Enfin, il a dit qu'il viendrait m'égorger, et tu laisses dire des choses pareilles ?

— C'est toi qui l'as cherché…

— Quoi ? Ce n'est pas moi qui l'ai provoqué… Voyons, on ne dit pas à quelqu'un : "Je vais te couper la gorge !"

— C'est bon, maman, parlons d'autre chose. »

Je lui donne alors des nouvelles de toute la famille, de quelques amis, et notre conversation prend un tour plus léger. J'en profite pour lui demander si elle a l'intention de rentrer en France. Si un jour elle en a envie, elle reviendra, m'assure-t-elle. Rien ne l'en empêchera.

Notre conversation me remet du baume au cœur. Regrette-t-elle d'être partie si loin de nous ? Je l'ignore, mais, en tout cas, elle n'exclut pas de revenir.

Courant mars, elle me rappelle et m'envoie plusieurs messages affectueux. Pour la première fois depuis des mois, je suis un peu moins pessimiste. J'entrevois une petite lumière au bout du tunnel.

14

Ça arrive aussi aux autres

« Maman, pourquoi est-ce que ça nous arrive à nous ? me demande souvent mon fils. Il y a des millions de Français, pourquoi est-ce que ça tombe sur nous ? »

C'est le week-end, et Thierry, Sébastien et moi discutons dans le salon autour d'une tasse de café, pendant que ma belle-mère s'affaire à la préparation du déjeuner. Un agréable fumet de sauce aux champignons s'échappe de la cuisine. Ce n'est pas la première fois que cette question vient sur le tapis. Elle nous taraude et nous n'y trouvons pas de réponse. Nous appartenons à la classe moyenne, ni plus ni moins malheureux que les autres. Notre quotidien est fait de soucis et de petits bonheurs ; nous partons en vacances et nos enfants ont eu la chance d'être éduqués dans de bonnes écoles. Alors pourquoi notre fille, qui n'était pas une gamine « à problèmes » et n'a jamais fugué, a-t-elle fui en Syrie ? Léa avait-elle des problèmes psychologiques dont nous ne nous serions pas rendu compte, une carence affective que nous n'aurions pas détectée ? Qu'un jeune quitte sa famille parce qu'il ou elle a rencontré le grand amour, passe encore. Mais on ne se précipite pas pour rejoindre un pays en guerre sous le coup de la passion. Cela n'a pas de sens !

Pourquoi le sort a-t-il frappé à notre porte et pas à celle de nos voisins ? Persuadés que nous sommes l'unique famille à vivre ce cauchemar, nous nous sentons démunis et terriblement seuls.

« Ça arrive aussi aux autres. » L'entrevue avec la fonctionnaire de la DGSI m'a dessillé les yeux. D'autres familles sont peut-être dans le même cas que nous, me dis-je. Il se peut que notre histoire n'ait rien d'exceptionnel. Je décide de lancer des recherches sur Internet. Au bureau, dès que j'ai cinq minutes libres ; ou chez moi le soir, dans le salon, mon paquet de cigarettes posé à côté de l'ordinateur portable. L'un de nos chats, une femelle rouquine, me tient compagnie, me fixant de ses yeux verts comme pour me dire : « Tu vas nous la ramener, dis ? » De temps en temps, Thierry glane aussi des informations, mais je suis la plus assidue et je lui fais part de mes trouvailles.

En tapant « départ – jeunes – Syrie », je tombe d'abord sur le site de l'association « Syrien ne bouge... agissons ! », fondée par Dominique Bons, une mère de famille toulousaine dont le fils est mort en Syrie. De nombreux articles de presse et reportages télévisés relaient le témoignage de cette mère qui approche la soixantaine. Une femme blonde, toute menue, dont je découvre le visage aux doux yeux bleus sur une vidéo. Mon cœur se serre en lisant son histoire poignante.

Son fils Nicolas, trente ans, s'était converti à l'islam. D'abord choquée, elle avait fini par l'accepter, voyant que cela lui apportait une forme de sagesse et de bien-être. Mais le jeune homme a basculé dans l'intégrisme et est parti en Syrie, en mars 2013, avec son demi-frère, vingt-deux ans, né du même père. Ils ont rejoint les rangs de l'Etat islamique en Irak et au Levant. Le 2 janvier 2014, Dominique a reçu un SMS de Syrie l'informant de la mort de Nicolas : « Votre fils a fait une opération explosive avec un camion dans un village de l'ennemi, dans la région d'Homs. Que Dieu l'accepte comme martyr. » Elle a rappelé le numéro syrien affiché sur le portable et un homme francophone lui a confirmé que son fils était mort, le 22 décembre. Nicolas est désormais au paradis sous la protection d'Allah, lui a-t-il dit. Le demi-frère, lui, avait péri au combat six mois plus tôt, près de la ville syrienne d'Alep.

Je lis le portrait de Nicolas brossé par ses proches sur la page Web de l'association. Un garçon doux et pacifique, qui ne se sentait pas à l'aise dans une société régie par le profit et la consommation. Un être révolté par toutes les misères du monde, et par le sort des enfants syriens tués par le régime de Bachar el-Assad. Un jeune homme sensible et influençable qui a glissé vers une pratique de plus en plus rigoriste de l'islam et est allé défendre les musulmans opprimés.

Ce parcours ne m'aide pas vraiment à comprendre l'attitude de Léa ni à percer le mystère de son départ. *A priori*, il n'y a rien de commun entre eux. Nicolas avait trente ans, ma fille est mineure. Il a parlé ouvertement de sa conversion à ses parents, Léa m'a tout caché.

Mais je veux absolument entrer en contact avec Dominique Bons. Les objectifs de son association, qu'elle décrit dans une interview à la presse, correspondent à ce que je souhaite entendre. Rompre l'isolement des familles concernées, pour que ces dernières ne soient plus seules face à leur détresse. Se mobiliser pour stopper l'embrigadement des jeunes et empêcher de nouveaux départs. Ce sont ceux qui embrigadent nos enfants qu'il faut combattre, dit-elle.

D'emblée, sans même la connaître, je sens que nous avons des idées et des désirs en commun. Je lui envoie aussitôt un courriel mais les jours et les semaines s'écoulent et je ne reçois aucune réponse.

C'est grâce à une pétition que je vais enfin sortir de ma solitude. L'un de mes collègues de bureau, que j'ai mis au courant de la disparition de ma fille, me fait part d'un article paru dans *Le Monde* : « Il y a d'autres familles dans ton cas. Elles veulent envoyer une pétition au gouvernement pour lui demander d'agir. » Il faut attendre le 9 avril pour signer ce texte : il sera seulement disponible sur Internet et ne sera mis en ligne qu'à partir de ce jour-là.

J'inscris la date dans mon agenda. Encore une bonne semaine. Piaffant d'impatience, je compte les jours, les heures, comme si j'attendais le Messie. Si seulement cette initiative pouvait déboucher sur une action concrète, sur une intervention de notre gouvernement pour récupérer les enfants mineurs partis en Syrie ! Et si cela pouvait me délivrer de cette angoisse qui m'étouffe, qui m'empêche de vivre. J'ai l'impression d'être un détenu scrutant le ciel bleu derrière les barreaux dans l'attente de sa libération.

Le jour J arrive enfin. Je me connecte sur la page www.change.org et découvre la pétition « Au gouvernement français : rendez-nous nos enfants ».

Sous le titre, l'image d'un adorable bébé aux boucles noires et aux joues rondes. Quand je repense à ce moment où j'ai découvert la photo d'Assia, cette fillette de vingt-trois mois que son père avait enlevée et emmenée avec lui en Syrie, mais qui, depuis, a été retrouvée, je suis saisie par l'émotion.

La pétition est dédiée à Norah, Sarah, Nicolas, Sandra, Jean-Daniel, Billel... et à tous les enfants et jeunes adultes qui se sont laissé séduire par le discours d'idéologues radicaux et sont partis en Syrie. Le texte a été rédigé par une anthropologue, Dounia Bouzar, qui souhaite alerter les autorités sur la nécessité de lutter contre la radicalisation, et qui a fondé le Centre pour la prévention contre les dérives sectaires liées à l'islam (CPDSI).

A travers ce texte, qui décrit comment des adolescents endoctrinés ont complètement changé de comportement, se sont convertis au courant le plus réactionnaire de l'islam et ont tout quitté pour sauver des « musulmans opprimés », c'est le portrait de Léa que je vois en filigrane.

Certains jeunes sont morts, laissant leurs parents anéantis, d'autres risquent de subir le même sort ; nos enfants sont en danger, ils doivent être protégés. L'Etat doit tout faire pour récupérer ceux qui sont partis et prévenir d'autres départs, réclame la pétition, qui conclut en appelant tous les Français à se mobiliser :

- pour qu'il n'existe pas d'autres lendemains sans le retour de nos enfants,

• pour qu'un dispositif de prévention et d'alerte soit mis en place,

• pour que les familles en détresse soient soutenues et accompagnées.

REJOIGNEZ-NOUS POUR EXIGER UNE ACTION POLITIQUE FORTE, IMMÉDIATE ET EFFICIENTE.

Après avoir signé, je remarque que l'on peut ajouter un message personnel qui sera publié en ligne. Je résume mon histoire en quelques paragraphes : « Je suis maman d'une adolescente de 16 ans qui a quitté notre domicile le 5 juin 2013 et est partie en Syrie avec son compagnon le 11 novembre de la même année. Ma fille n'aurait jamais décidé de partir dans un pays en guerre, elle a été entraînée là-bas. Je vis dans l'angoisse... »

Je lis les commentaires d'autres parents, comme celui de Séverine M., qui exprime une anxiété terrible que je ne connais que trop bien :

« Je suis la maman de Sarah, une maman anéantie, détruite, une citoyenne française. Nous vivons dans l'angoisse, la peur, à chaque minute... J'ai besoin de mon gouvernement pour sortir ma fille de là-bas et tous ces autres enfants ! AIDEZ-NOUS !! »

Certains signataires ne sont pas concernés personnellement mais veulent témoigner leur affection à des amis dans la peine. « Je signe parce que j'ai le fils d'une amie qui est mort en Syrie et que ça aurait pu être le mien ou le vôtre et qu'ils sont mineurs ! » poste Asma C.

Marie-Hélène C., elle, se joint à l'initiative « par solidarité avec les mamans musulmanes angoissées et pour combattre ces endoctrineurs qui trahissent l'islam ». Elle ajoute : « Je suis chrétienne. Amie de musulmanes et musulmans. »

Plusieurs de mes collègues signent le texte. Je vois même apparaître le nom de relations de travail que je n'avais pas informées de la fuite de Léa.

Ce même jour, le 9 avril, des familles participent à une conférence de presse pour annoncer le lancement de la pétition. Je n'y assiste pas car je ne suis pas au courant : je ne connais encore personne !

Tout change lorsque je reçois fin avril un courriel de Dounia Bouzar. Elle a lu mon histoire et repéré mon adresse mail sur la page Web de la pétition. Nous nous parlons peu après par téléphone. Elle m'apprend qu'impressionné par la pétition qui a recueilli plus de six mille signatures, le gouvernement français a répondu à la demande des familles et met en place une plateforme d'assistance. A compter du 29 avril, toute personne préoccupée par le changement de comportement d'un proche peut appeler le Numéro Vert 0800 005 696, géré par le ministère de l'Intérieur. Les familles signalent ce qui leur paraît inquiétant dans l'attitude d'un fils, d'un frère ou d'une sœur ; elles obtiennent des renseignements sur la conduite à tenir et sont conseillées, accompagnées.

Quelque chose a bougé ! Les efforts des signataires ont porté leurs fruits. Notre gouvernement nous a entendus, il a compris le désarroi des parents. Il se mobilise enfin pour les aider à surmonter ce douloureux problème. Revigorée, je sens grandir en moi l'espoir que les autorités françaises iront chercher ma fille en Syrie.

Autre bonne nouvelle, Dounia Bouzar m'annonce qu'elle organise prochainement une réunion avec des familles concernées. Souhaiterais-je y participer avec mon mari ? J'accepte avec enthousiasme. Moi qui cherchais à communiquer avec d'autres parents, voilà mon vœu exaucé.

La rencontre a lieu début mai à l'hôtel Bedford, près de la place de la Madeleine à Paris, où un salon nous est réservé. Murs crème, bouquets de roses et de pivoines fraîches et tableaux abstraits au mur : le décor est harmonieux, élégant sans être luxueux. Une vingtaine de personnes ont fait le déplacement, la plupart sont des couples comme nous, certains sont venus seuls.

Nous prenons place autour d'une grande table ronde et l'anthropologue suggère que chacun raconte son histoire. Myriem, la maman d'Assia, une jeune femme petite et fine, aux longs cheveux châtains, relate son calvaire. Les traits tirés, elle semble très fatiguée, voire épuisée, physiquement et moralement. Elle dénonce l'atermoiement des autorités qui ont mis plus de deux mois à émettre un mandat d'arrêt international contre son mari.

Puis Fahrid prend la parole. Ce grand brun d'environ trente-cinq ans parle d'une voix hachée de sa sœur qui, à peine plus âgée que Léa, s'est enfuie en Syrie. Elle a glissé dans l'intégrisme sans que sa famille – des musulmans modérés – ne voie rien venir. Elle a d'abord pris le voile puis, un beau jour, s'est envolée. Elle ne les a prévenus qu'une fois arrivée là-bas. Fahrid a les nerfs à fleur de peau, il a du mal à poser les yeux sur nous, à parler calmement. Il s'est rendu jusqu'en Syrie, où il a pu rencontrer sa sœur. Elle est intégrée au groupe Al-Nusra[1], issu d'Al-Qaida, qui autorise les contacts avec la famille. Elle est arrivée en niqab, accompagnée d'un homme. Son frère lui a demandé de repartir avec lui et elle a refusé. Il est rentré bredouille sans savoir si sa

1. Depuis, ce groupe djihadiste est devenu un concurrent de l'Etat islamique et les deux organisations s'affrontent dans des combats armés. (N. de E.)

sœur était vraiment libre de ses décisions. Il a le regard perdu, il est dans l'incompréhension. Furieux, frustré d'avoir tout tenté, en vain.

C'est ce jour-là, dans ce salon raffiné, que mon mari et moi réalisons l'ampleur du phénomène. Pour certains, c'est un fils ou un frère qui a décampé sans crier gare pour aller se battre sur une terre lointaine. D'autres ont vu leur fille ou leur sœur s'évaporer dans la nature. J'écoute Jordan, un grand jeune homme costaud de vingt-trois ans dont la sœur, qui a le même âge que Léa, est partie toute seule et s'est mariée en Syrie. Il ressent la même incompréhension que Fahrid mais est plus posé. Là encore, la famille n'a rien vu venir.

En dépit de nos particularités, nous semblons tous avoir vécu la même histoire. Etonnée, je murmure à Thierry : « Mais cela touche toute la France ! » Car autour de la table, il y a aussi des familles de province, comme cette maman venue de Tarbes. Sa fille s'est radicalisée et était sur le point de partir en Syrie. Elle a heureusement été stoppée à temps car son « accompagnateur », qui devait l'emmener à l'aéroport, est arrivé en retard.

Tout cela n'est pas le fait du hasard. Il y a là quelque chose qui nous dépasse, comme si nous étions tous pris dans les fils invisibles d'une gigantesque toile d'araignée.

A mon tour de parler. Après avoir raconté notre histoire, je souligne qu'il est fort dommage que l'autorisation parentale de sortie du territoire (AST) ait été supprimée par une circulaire ministérielle de novembre 2012. Jusqu'alors, un enfant mineur qui voyageait seul dans l'espace Schengen – les pays de l'Union européenne, l'Islande, la Suisse et quelques autres pays européens – devait présenter ce document avec un titre d'identité. Mais, depuis le 1er janvier 2013, un mineur peut circuler librement en Europe avec sa seule carte nationale d'identité.

En ce qui concerne les pays autres que l'Europe, l'enfant n'avait pas besoin d'une AST, seulement d'un passeport, avec un visa, le cas échéant. Comme ce sont les parents qui s'occupent de faire délivrer ce titre à leur enfant, le fait qu'ils accomplissent cette démarche signifie qu'ils l'autorisent à voyager. Pour ma fille, qui avait un passeport, la suppression de l'AST n'a rien changé. En revanche, cela a facilité la fuite de certains jeunes par la Turquie ; car bien qu'il ne soit pas membre de l'Union européenne, ce pays accepte sur son territoire des voyageurs présentant une simple carte d'identité française.

Les autres participants m'approuvent : il faudrait remettre en place cette autorisation parentale obligatoire pour les mineurs. Certes, début

2015, l'Etat a pris conscience du danger, en autorisant les parents à s'opposer à la sortie du territoire. Mais cette opposition n'est valable que quinze jours et il faut à chaque fois refaire une demande à la préfecture.

Une autre maman prend la parole. Mince, parfaitement coiffée, Nathalie est une femme plutôt chic d'environ quarante-cinq ans, médecin et… de confession juive. Sa fille mineure, âgée de seize ans, s'est convertie et porte la burqa ! « Elle travaillait très bien au lycée, elle avait 18 de moyenne ; maintenant elle n'a que des 3 et des 4 », déplore la mère. Ils ont déménagé dans un autre quartier, pensant soustraire leur enfant à une influence négative, mais rien n'y a fait. Leur fille a réussi à garder un lien avec un mystérieux « endoctrineur ».

« Un jour, elle a rapporté des parfums en stick à la maison, des parfums au musc sans alcool… raconte sa mère.

— Ça alors, mes filles aussi ! s'exclame une maman dont les deux filles, étudiantes à Sciences Po, se sont converties à l'islam.

— Moi aussi, ma fille est revenue à la maison avec ces parfums », dis-je.

D'après Nathalie, sa fille a rencontré des « sœurs » musulmanes à Saint-Ouen qui lui ont remis ces parfums. La maman a fait remonter ces informations à la police, mais jusqu'ici cela n'a donné lieu à aucune action.

Nous réalisons alors qu'il y a tout un réseau derrière ces petits sticks anodins. C'est sans doute un moyen de tisser des liens et d'attirer de nouvelles recrues. Une variante radicale et ô combien plus dangereuse des réunions Tupperware.

La réunion s'achève à 21 heures. Cette longue journée nous a laissés épuisés. Sur le chemin du retour, bavardant dans la voiture, nous en dressons le bilan. Certes, tout ce que nous avons appris n'est guère rassurant. Nous ne soupçonnions pas le pouvoir d'attraction des extrémistes. Bien des éléments restent encore insondables mais, grâce à cette rencontre, je comprends que nos enfants ont été happés par une ou des organisations dotées d'une énorme force de persuasion. Et ce que nous voyons n'est probablement que la partie émergée de l'iceberg. Combien d'autres familles subissent la même histoire mais se taisent, par honte ou par peur ? Toutefois cette journée nous a apporté quelque chose de très important. Allumant une cigarette, je dis à Thierry : « Ecoute, on a la preuve que Léa n'est pas folle. » Elle n'est pas malade, elle n'a pas une case en moins, puisque d'autres adolescentes du même âge se sont fait embrigader comme elle. Pas des délinquantes, mais des filles de bourgeois, bien éduquées, voire brillantes. Cela ne va pas faire revenir notre enfant pour autant.

Mais ce soir-là, nous nous sentons beaucoup moins seuls.

15

L'annonce

Depuis la journée de séminaire à l'hôtel Bedford, ma vision des choses a changé. Je ne suis plus une mère isolée dans sa souffrance ; je ne pense plus uniquement en termes de « je » mais me dis « nous, les parents ». Si nos enfants n'avaient pas été aspirés par l'islamisme radical, je n'aurais pas connu ces mamans venues de Tarbes, de Strasbourg ou d'ailleurs ; je n'aurais pas non plus croisé la route de Nathalie, médecin, ou de Sonia, dont les deux filles sont à Sciences Po. Nous sommes devenus une communauté, malgré nous. Un cercle complètement informel car nous n'avons, pour l'heure, aucune structure ni organisation. Je reste en contact avec quelques parents que j'ai rencontrés. Nous nous téléphonons de temps à autre pour échanger des informations, savoir si l'un de nous a obtenu des renseignements auprès de la police, et tout simplement pour dialoguer. Nous partageons cette douleur qui nous habite. Sans avoir besoin de s'épancher. Ce n'est parfois qu'un soupir, une émotion transmise par un petit mot. Il suffit de dire « C'est dur... » et on sait que l'autre comprend.

A travers ces conversations, je réalise que les jeunes partis en Syrie, garçons ou filles, n'envoient pratiquement jamais de nouvelles au père. C'est la mère ou la sœur qui est contactée. Les autres parents parlent plutôt à leurs enfants par téléphone. Ce sont ces derniers qui appellent, de manière irrégulière, chaque semaine ou seulement une fois par mois. Il semble que je sois la seule à recevoir autant de messages écrits. Il m'arrive d'en avoir plusieurs dans la même journée.

C'est le cas en ce moment, où Léa et moi communiquons plus fréquemment. Nos échanges ont pris un rythme plus rapide à la mi-avril. Un jour je lui écris : « Je t'aime, c'est trop dur sans toi. » Elle répond : « Moi aussi, mais tu n'as pas répondu à ma question. »

Effectivement je n'avais pas lu l'un de ses précédents messages, où elle réclamait une photo de nous, ses parents. Je la lui fais parvenir sur-le-champ.

Le lendemain, je reçois un portrait d'elle. Elle semble être sur le toit d'une maison, sur fond de ciel blanc, voilé d'une brume de chaleur. Elle ne porte pas le voile, elle semble avoir de bonnes joues.

Tapant sur le clavier de mon téléphone, je réagis aussitôt : « Oh la la, tu as grossi.

— Oui, j'ai pris dix kilos.

— Tu es enceinte ?

— Non, non.

— Alors, tu manges trop ?

— Non, pas spécialement.

— C'est peut-être le changement de climat, de nourriture… »

En mon for intérieur je me dis qu'elle est peut-être enceinte mais ne veut pas l'annoncer maintenant. Un ou deux jours plus tard, elle m'appelle. Nous nous parlons brièvement, et je ne sais même plus ce que nous nous sommes dit, tant ma mémoire de cette période est brouillée. Je me souviens simplement que celles qu'elle appelait ses « sœurs musulmanes » sont devenues « les filles ». Toutefois je me rappelle parfaitement le ton de sa voix. Ce jour-là, elle est au bord des larmes.

Je me pose toutes sortes de questions, tentant d'interpréter ce qu'elle dit et ce qu'elle ne dit pas. Prend-elle conscience que la solidarité entre musulmans n'est pas si réelle qu'elle le pensait ? Ou bien les personnes qui l'entourent sont-elles distantes et peu amicales, parce qu'elle n'adhère pas totalement à leur façon de penser ? Pour ne pas pleurer à mon tour, je passe l'appareil à mon mari qui lui parle brièvement avant de raccrocher.

Quelques jours plus tard, j'écris à Léa que la santé de son père est préoccupante et qu'il doit subir des examens de santé à l'hôpital. Un pieux mensonge pour essayer de la faire revenir. J'ajoute : « Quand allons-nous nous revoir ?

— Cela dépend d'Allah.

— Et si ton père était mourant, tu reviendrais ?

— Mais ça changera quoi, que je revienne ? Si tu veux sauver papa, laisse-le croire en Allah... »

Comme je ne veux pas discuter d'Allah ni répondre à ses tentatives de nous convertir, je change de sujet et nous dialoguons de choses et d'autres. « Pourquoi ne viens-tu pas me voir ? » dit-elle. Tous les jeunes partis en Syrie adressent cette demande à leurs parents. Ils y sont certainement incités par leurs mentors qui verraient d'un bon œil des familles entières venir grossir leurs rangs. Pas question, pour moi, de poser un seul doigt de pied sur le sol syrien. D'abord, je refuse de mettre le niqab. La charia l'impose à toutes les femmes mais j'estime que je n'ai pas à porter ce vêtement. Ensuite, si d'aventure je me risquais là-bas, il est fort probable qu'on ne me laisserait pas repartir.

Un soir, nous sommes à la maison. Le temps est frais mais suffisamment clément pour que nous soyons dehors, autour de la table du jardin. Cling ! Mon téléphone affiche un message. C'est

Léa. Nous échangeons deux ou trois phrases puis elle lâche enfin ce qu'elle essayait sans doute de me dire depuis quelque temps : « Tu vas être mamie, et papa va être papy… »

Catastrophe. Elle est enceinte. Je m'étais toujours dit que le plus sûr moyen, pour B., de garder ma fille là-bas était de lui faire un enfant. Ce que je redoutais est arrivé.

« Regarde », dis-je à Thierry en lui tendant mon portable. Je soupire. « C'est cuit. Elle ne reviendra plus. »

Tentant de cacher ma déception, j'écris : « Te rends-tu compte que tu vas donner naissance à un bébé dans un pays en guerre ? Pourquoi faire un enfant dans ces conditions ?

— Pourquoi pas ? C'est le choix d'Allah, qui fait bien les choses. Qu'Allah me préserve ! » rétorque-t-elle.

Et nous en restons là.

J'ai perdu ma fille, avais-je songé lorsque Léa m'avait annoncé qu'elle était en Syrie. Mais je me disais : tant qu'elle n'est pas enceinte, on parviendra à la récupérer, ce sera difficile mais on y arrivera. Soudain, mes espoirs de la revoir s'évanouissent. Parvenir à récupérer une femme seule aurait déjà été un défi. Mais faire s'échapper une mère accompagnée d'un enfant, c'est carrément mission impossible. Je l'imagine ancrée là-bas durant des années, enracinée. Mère de famille nombreuse, confinée à la maison toute la journée avec trois bambins dans les pattes.

Je ne la reverrai plus jamais.

Effondrés, mon mari et moi ne pensons pas du tout à ce bébé qui s'annonce ni au bonheur que cela représente peut-être pour elle. Nous ressentons une douleur telle que nous ne parvenons pas à la verbaliser.

Thierry rompt le silence. Et dit qu'il ne parlera plus à Léa. « Ce n'est plus ma fille. » Sa colère est mêlée d'une tristesse infinie. Pourtant, je sais qu'il l'aime toujours. Mais c'est sa façon à lui d'exprimer son désespoir.

Quelques jours plus tard, elle m'écrit de nouveau. Elle regrette d'avoir été une mécréante dans son « ancienne vie » mais est heureuse d'avoir pu se convertir, par la grâce d'Allah. Légèrement acerbe, je réponds : « Même si tu t'es convertie, ton enfant est tout de même de ton sang. Il sera un mécréant à 50 %.

— Non, mon fils sera un musulman à 100 %. J'espère qu'il consacrera sa vie à Allah. Et s'il donne sa vie pour le prophète, ce sera ma plus grande fierté !

— Tu dis ça maintenant mais plus tard, je ne pense pas que tu accepteras que ton fils meure pour une cause ou pour une religion. »

Je ne parviens pas à la convaincre car elle n'a qu'Allah à la bouche. Que répondre à cela ? Ces gens-là ne pensent qu'à la guerre et à mourir, ils ne sont pas de notre monde, me dis-je. Le pire est que Léa pense aujourd'hui comme eux. Elle fait désormais partie de « ces gens-là ». Cela n'empêche pas que je l'aime et que je l'aimerai toujours. Personne ne pourra m'ôter du cœur cette affection indéfectible. Cet amour maternel qui coule dans mes veines. Et je retrouve encore ma Léa d'antan, au détour d'un mot, d'une phrase, lorsque, au téléphone, nous bavardons de tout et de rien, de petites choses du quotidien, de recettes de cuisine, et que j'entends sa voix douce.

Mais dès que nous abordons le thème de la religion, je réalise que je discute avec une étrangère. On m'a changé ma Léa, c'est une autre personne.

Tout ce qui me reste d'elle est une enveloppe. A l'intérieur, ce n'est plus ma fille.

16

Opération commando

Mon histoire commence à être médiatisée. La pétition « Rendez-nous nos enfants » et le lancement du Numéro Vert ont attiré l'attention de la presse sur ce phénomène encore peu connu du grand public.

Je suis d'abord interviewée par une journaliste d'un grand quotidien. Dans la foulée, je suis invitée par une chaîne d'information puis dans une émission de radio. Je n'ai que dix minutes pour tout raconter : la rencontre, la fugue, l'arrestation et le deuxième départ ; puis le passage de la frontière sans être inquiétés, la Syrie et l'endoctrinement. L'émission se déroule sans problèmes. Plutôt communicative par nature, je n'ai pas peur de m'exprimer en public même si mon pouls s'accélère un peu quand j'entre dans le studio d'enregistrement, une petite pièce où l'air est confiné. Mais je ne suis pas intimidée outre mesure par la tension du direct : le casque sur les oreilles, la lumière rouge qui s'allume, l'annonce « On démarre dans dix secondes »... Je m'efforce de raconter mon histoire le plus clairement possible.

Tous ces entretiens me laissent néanmoins une impression d'inachevé. Un goût de trop peu. J'ai l'impression de ne pas avoir livré le fond de ma pensée. J'aurais voulu dire que nos enfants vivent dans un monde tissé de mensonges. La télévision nous dévoile chaque jour les fraudes et les malversations des tenants du pouvoir politique et économique. Pourtant, ceux qui détiennent le pouvoir devraient être les premiers à montrer l'exemple, à servir de modèle aux générations futures. Un adolescent a soif d'absolu, c'est un être neuf en quête d'idéal, d'une cause juste dans laquelle s'investir. Comment va-t-il trouver sa place dans une société bâtie sur la manipulation et le mensonge ? Dans un univers où seul le menu fretin semble être pris dans les filets de la justice, pas les gros poissons du pouvoir ? Parmi ces jeunes qui partent mener le djihad, beaucoup viennent de familles aimantes, dont les parents travaillent, et ils ont un bon niveau d'éducation. S'ils fuient, c'est peut-être parce qu'ils ne trouvent pas de réponse à leur quête de sens dans notre société.

Je n'ai jamais parlé de cela avec Léa. Nos échanges par messagerie sont trop erratiques pour avoir une discussion approfondie. Mais un jour, je lui écris : « Pourquoi es-tu partie ?

— Parce que vous ne vouliez pas nous laisser vivre notre amour. On est venus ici parce qu'Allah dit qu'il faut vivre sur la terre des opprimés.

— Jamais tu n'aurais fui là-bas si B. ne t'y avait pas entraînée.

— Et qui te dit que ce n'est pas moi qui ai choisi la Syrie ? »

Je réplique que je n'en crois rien. Elle a suivi B. et lui aurait emboîté le pas n'importe où, au Japon ou en Australie. Qu'elle vive en couple ne me dérange pas, je le lui répète. « Ce qui me gêne, ce sont les idées de B., c'est le fait que tu portes la burqa. »

Avec le recul, je réalise que mon mari et moi avons involontairement précipité le départ de notre fille. Nous avons tout fait pour la séparer de son amoureux. Non seulement nous lui avons interdit de le revoir, mais pendant des mois j'ai étroitement surveillé Léa. J'ai contrôlé ses sorties, épluché ses factures de téléphone, inspecté sa chambre. J'étais constamment sur son dos ! Ce faisant, je lui ai rendu la vie impossible ; elle devait avoir le sentiment d'étouffer à la maison. Le paradoxe est qu'en nous opposant aussi fermement à cette relation, Thierry et moi avons contribué à cimenter leur romance. Nous avons fabriqué un Roméo et une Juliette, qui n'ont vu leur salut que dans la fuite.

Et voilà que « Juliette » va mettre un enfant au monde. En dépit de ma déception, que j'ai été incapable de lui cacher, Léa se rapproche de moi. Ce mois de mai, elle m'écrit souvent et téléphone de temps à autre. Ses messages sont parfois laconiques, je la sens fatiguée, à plat. Je m'en préoccupe : « Ça n'a pas l'air d'aller ?

— Sans plus, je ne suis pas bien. Tu me manques beaucoup, maman.

— Ne t'inquiète pas, on est là. Ton père et moi serons toujours là pour toi. »

Quelle frustration pour moi de ne pouvoir être à ses côtés ! Je m'inquiète pour sa santé ; la Syrie est un pays dévasté qui manque de tout, de bons médecins et de médicaments de base. Je crains que sa grossesse ne soit pas bien suivie. Au fil des messages, j'insiste pour qu'elle rentre en France. Elle refuse mais, à ma surprise, pas pour des raisons religieuses. « Impossible, écrit-elle, le gouvernement français retire la nationalité à ceux qui sont partis en Syrie. » Je lui réponds qu'elle n'est pas bien informée et qu'elle restera française quoi qu'il arrive. Tout en songeant à part moi que les djihadistes répandent certainement cette propagande pour dissuader leurs recrues de repartir dans leur pays d'origine. « Si jamais tu veux rentrer, tu me le dis et je fais tout pour te faire rapatrier, à condition que tu te rendes en

Turquie », lui dis-je, en lui répétant que je ne la laisserai jamais tomber.

Deux jours plus tard, lors d'un dialogue sur messagerie, elle me confie : « Je n'ai pas d'argent mais je ne suis pas triste. » C'est la première fois qu'elle fait allusion à un tel manque. Elle ne m'a jamais demandé d'argent. Depuis sa conversion, elle s'est toujours vantée d'être dans une communauté qui fonctionne sur l'entraide et où aucun « frère » n'est laissé dans le besoin. A mes questions, elle répond d'un sempiternel : « Allah pourvoit à tout. » Elle m'a appris que B. touche un salaire, qu'ils ne paient ni loyer, ni électricité, ni gaz, et reçoivent un colis alimentaire ainsi que des vêtements. « Si tu avais de l'argent, qu'en ferais-tu ? lui dis-je.

— Ma tablette ne fonctionne plus, alors je m'achèterais mon propre ordinateur, avec une clé 3G pour me connecter à Internet.

— Quand on attend un bébé, il y a peut-être des choses plus importantes à acheter que de l'informatique ! Tu aurais besoin de combien ?

— 250 euros, ça suffirait.

— Et qu'est-ce qui me prouve que cet ordinateur serait bien à toi ?

— Bien sûr que ce sera à moi. Ce qui appartient aux femmes, les hommes n'ont pas le droit de le toucher. »

Cependant, pour qu'elle puisse se le procurer, il faudrait que j'envoie de l'argent en Turquie. Un « frère » musulman irait récupérer la somme puis franchirait à nouveau la frontière syrienne pour la remettre à B. Ma fille n'a pas le droit d'avoir des relations avec des hommes, même pour acheter quelque chose. Tout doit passer par son compagnon.

Je suis prête à l'aider mais pas dans ces conditions. Je n'ai aucune garantie que ce pécule profitera bien à Léa. Qui me dit qu'il ne va pas plutôt aller dans la poche des djihadistes ? Pas question pour moi de nourrir l'Etat islamique ! Aussi, je refuse catégoriquement.

Le 20 mai, je m'en souviens comme si c'était hier, un message d'elle tombe dans ma boîte mail alors que je suis au bureau. « Maman, connecte-toi vite sur Skype, c'est important. » Je m'exécute et nous commençons à tchatter. « Qu'est-ce qui se passe ?

— Je veux rentrer. Je ne suis pas bien. Tu peux faire quelque chose pour moi ?

— Tu es sûre ? Si tu en es certaine, je vais tout faire pour te ramener.

— Oui, j'en suis sûre. J'en peux plus, il a failli me taper. Il veut plus que je te parle. Je suis isolée, je souffre. Il faut qu'on attende qu'il parte au combat. Quand je serai tranquille, on pourra préparer mon départ. »

Mon cœur bondit dans ma poitrine. Le moment que j'espérais tant est arrivé ! Elle est déçue par son compagnon, elle a enfin compris que sa vie n'était pas là-bas. Notre Léa, notre petite fille chérie, sera bientôt parmi nous. Je téléphone immédiatement à mon mari, à mon fils. Et quitte le bureau plus tôt que d'habitude, impatiente de retrouver Thierry et de partager avec lui mon allégresse.

Ces derniers temps, mes espérances de voir notre gouvernement agir pour rapatrier les enfants mineurs de Syrie se réduisaient comme une peau de chagrin. Si un Numéro Vert a bien été mis en place, ce travail de prévention n'a été suivi d'aucune autre mesure.

Me voilà revigorée, flottant presque sur un petit nuage ; encore un peu de patience et notre cauchemar va bientôt prendre fin.

Récupérer Léa, oui, mais comment ? Je commence aussitôt à dresser un plan de bataille, me sentant l'âme d'un général en campagne. Bloc-notes et stylo en main, je passe des coups de fil aux parents que je connais. « Il faut que tu déniches un mercenaire ; c'est lui qui trouvera un passeur », me conseille une maman. Tout à coup je pense à Fahrid, que j'ai rencontré à la réunion des parents à l'hôtel Bedford. Il est allé en Syrie, il m'aidera sûrement. Je lui envoie un message, et il me rappelle. Nous sommes alors le 23 mai. B. va partir sous peu au combat, pour une semaine. Je dois monter mon « opération commando » en son absence, ce qui nous laisse très peu de temps.

Il est exclu que Fahrid retourne en Syrie ; il s'y est rendu à deux reprises pour tenter de récupérer sa sœur et est désormais « fiché » par les djihadistes. Mais grâce à ses contacts, il me met en relation avec un ancien militaire, I. Cet homme vit dans un pays limitrophe. Son fils est parti en Syrie et il a réussi à l'en faire sortir. Nous conversons sur Skype et comme I. parle peu le français, je fais un effort terrible pour baragouiner en anglais, une langue que je maîtrise très mal. Toutefois nous nous comprenons. Il est prêt à m'aider gracieusement, et va se mettre en quête de passeurs qui récupéreraient ma fille à la frontière.

Entre-temps, Léa me confirme que B. est parti. Elle peut donc m'appeler *via* Skype, sur son téléphone, et me parler librement. « Tu te rends compte, il m'a laissé la clé, il a oublié de me la reprendre !

— Comment ça ? Tu veux dire que d'habitude tu es *enfermée* ?

— Oui. Quand il s'en va, les sœurs musulmanes viennent m'apporter à manger. »

Horrifiée d'apprendre que ma fille vit en quelque sorte dans une prison, je suis d'autant plus déterminée à la sortir de là.

Bonnes nouvelles du militaire ; il a trouvé des passeurs ! Il me demande l'adresse Skype de ma fille et va la contacter directement. Le lendemain, Léa m'appelle. « Qui est ce type ? Il ne parle même pas français.

— Ecoute, moi j'ai réussi à le comprendre, et tu parles anglais mieux que moi. Ce n'est pas le moment de faire la difficile. Je ne suis pas en train de faire un casting pour un film d'Hollywood : je prends ce que je trouve, dis-je, agacée.

— Bon, je vais voir…

— C'est tout vu : tu vas te débrouiller pour sortir ! Il faut que tu ailles jusqu'à la frontière. »

Le lendemain, lorsque nous sommes de nouveau en ligne, elle m'explique qu'elle était en compagnie d'une « sœur » et ne pouvait pas trop parler. « J'ai sans doute trouvé quelqu'un pour m'emmener jusqu'à la frontière », ajoute-t-elle.

A l'époque, Léa et son compagnon vivent dans une ville au nord d'Alep, située à une trentaine de kilomètres seulement de la frontière turque. Nous mettons au point le scénario de son évasion, prévue un lundi. Son convoyeur l'emmènera jusqu'à la frontière où les passeurs la récupéreront. Puis ils l'escorteront vers un lieu sûr en Turquie, fixé par le militaire, où nous la retrouverons.

Car ce même lundi, mon mari et moi prévoyons de prendre l'avion. Avant cela, nous avons pris rendez-vous au quai des Orfèvres, où la police judiciaire met tout en œuvre pour nous aider. Leurs services envoient un extrait de naissance de Léa à l'ambassade de France à Ankara ; on pourra ainsi lui délivrer un titre de voyage puisqu'elle n'a plus de passeport valide. « Dès que vous êtes sûrs de partir, avertissez-nous », nous dit amicalement l'inspectrice de la PJ. Elle nous donnera alors tous les contacts dont nous aurons besoin, et notamment le numéro de portable d'un représentant de la police français en Turquie, qui nous accompagnera jusqu'au lieu de rendez-vous avec notre fille. La fonctionnaire me donne aussi son propre numéro de mobile. « Vous pouvez m'appeler 24 heures sur 24 », m'assure-t-elle.

Nous avons réussi à tout organiser en un temps record. Toute la famille est euphorique.

Le mercredi, j'envoie plusieurs messages à Léa. Elle me fait comprendre qu'elle est occupée, que je la dérange. Le lendemain, je lui écris : « Veux-tu que nous communiquions par code ? » Elle me répond aussitôt : « Arrête ça tout de suite, maman. »

J'essaie de la joindre plusieurs fois directement sur Skype mais n'obtiens qu'un « Je suis occupée ». Elle me rappelle enfin, d'une voix très distante. Finalement elle n'a trouvé personne pour l'emmener. La seule solution serait de prendre un taxi mais elle n'a pas d'argent. Je lui demande : « Tu ne peux pas vendre quelque chose ?

— Qu'est-ce que tu crois ? Ça ne se passe pas comme ça, ici. »

D'un ton agressif, elle affirme qu'en tant que « sœur musulmane », elle n'a pas le droit de vendre quoi que ce soit ; ce sont les hommes qui s'occupent du commerce, car Allah l'a voulu ainsi, etc.

Bizarre, me dis-je. Pour quelqu'un qui veut fuir le pays, elle a l'air d'y être encore très attachée.

Je conviens alors avec elle de transférer 400 euros – somme réclamée par le chauffeur de taxi – *via* Western Union en Turquie. J'enverrai la somme samedi matin ; le transfert ne prenant que quelques heures, l'homme pourra la récupérer le jour même, en faisant une brève incursion côté turc.

Tout semble donc prêt pour son évasion. Mais ce jeudi soir, Léa m'a semblé très lointaine, pas dans son assiette. « Il y a quelque chose qui cloche », dis-je, mal à l'aise, à Thierry. Cette évasion, tout d'un coup, je ne la sens pas. Mon intuition me dit qu'un grain de sable est en train de gripper les rouages.

Le vendredi soir, coup de fil à 21 heures. C'est Léa. « C'est moi. Alors comme ça, tu as voulu me piéger ? Eh bien moi aussi, je t'ai piégée.

— De quel piège parles-tu ?

— Dis-moi, ton bouquin, c'est bien ? Le quai des Orfèvres, c'est bien ? Tu es en contact avec la police, c'est ça ? »

En un éclair je réalise qu'elle a fouillé dans ma boîte mail et lu les premiers chapitres de mon livre. J'avais complètement oublié que ma fille avait le mot de passe de mon compte de messagerie...

« Enfin, Léa, je te l'ai dit, je ne te l'ai jamais caché ! Tu es mineure et comme nous sommes tes parents, il est tout à fait normal que nous soyons en contact avec la police. »

Elle se met brusquement à hurler en arabe. Et à ma grande stupéfaction j'entends aussi la voix de B., en arrière-plan, qui m'invective en arabe. Entre les cris et les reproches, je finis par comprendre qu'elle parle du passage évoquant la possibilité légale de la faire interner. Elle ne parle que de cela, un petit paragraphe sur une cinquantaine de pages déjà écrites. A mon tour, je m'écrie : « Tu m'as menti ! Comment peut-on trahir ses parents à ce point ? »

Et je raccroche. Dans la foulée, B. m'envoie des messages d'insultes sur Skype. « Tu n'es qu'une diablesse, je souhaite qu'Allah te brise le dos en deux, que tu meures de ta souffrance. »

Thierry et moi sommes effondrés. Que s'est-il passé ? Notre fille nous a donc trahis, se jouant de nous depuis le début pour nous extorquer

400 euros ! J'essaie de croire à d'autres hypothèses. Peut-être avait-elle vraiment envie de fuir, mais elle a été dénoncée par une des femmes, qui s'est aperçue de son manège. B. serait rentré plus tôt et Léa aurait pris le prétexte de mon livre pour tout me mettre sur le dos. Autre éventualité, sentant que ma fille avait des velléités de s'échapper, B. lui a tendu un piège.

Nous ne le saurons jamais.

On dit souvent que dans la vie, il y a des hauts et des bas. Mais dans notre histoire, il n'y a que des bas. Ce soir-là, nous sommes frappés d'un coup de massue. C'est une descente aux enfers que nous vivons. Marche par marche.

Thierry et moi sommes si abattus que nous n'avons pas la force de pleurer. Le chagrin est à l'intérieur, mon cœur est gonflé de larmes, mais elles ne coulent pas. J'envoie un message à ma fille pour dire que nous coupons les ponts avec elle. « Tu es vraiment morte pour moi. » Et je désactive mon compte Skype pour ne plus avoir de ses nouvelles. Etre trahie par son enfant est la pire chose qui soit.

17

Un autre regard

Tout oublier. Oublier Léa.

M'ôter de la tête ces jours passés au téléphone, ces moments d'ivresse, d'espérances folles où nous croyions que tout serait possible.

Nous nous recentrons sur la vie quotidienne. Travail, courses, soirées télé, visites de mon fils le week-end. Chaque minute, chaque heure est remplie pour occuper notre esprit. Thierry redouble d'attentions pour son jardin. Il l'arrose, le soigne, le bichonne ; les roses n'ont jamais été aussi splendides.

Bien que le prénom de notre fille surgisse parfois dans la conversation, nous essayons d'en parler le moins possible. Rien n'efface la douleur, on ne peut que la tenir à distance. Nous sommes des parents meurtris, des âmes en convalescence qui s'efforcent de noyer leur chagrin dans une sorte d'amnésie.

De son côté, Léa garde aussi le silence. Elle le rompt une seule fois au mois d'août en m'envoyant un courriel : « Si tu ne t'intéresses plus à moi, je tiens quand même à te donner des nouvelles du bébé. Ce sera un petit garçon. »

Je réplique par quelques mots lapidaires : « Je ne vois pas en quoi nous sommes concernés. » Une pique un peu cruelle. Je crois me soulager en lui faisant du mal. « Comme vous voudrez », répond-elle. Sa placidité me surprend car ma fille a beaucoup de caractère. D'habitude elle réplique du tac au tac et est toujours prête à argumenter. Cette réaction soumise ne lui ressemble pas.

A la fin de l'été, Thierry et moi décidons de partir en Guadeloupe. Physiquement et moralement épuisés, nous avons un grand besoin de repos. Compréhensifs, nos employeurs acceptent de nous donner un congé. Nous partons le 9 septembre pour un mois.

J'ai besoin de me vider la tête, de me ressourcer dans ce lieu où j'ai mes racines, d'y retrouver mes cousins, mes oncles et mes tantes. Pour ne déranger personne, et parce que j'aime mon indépendance, nous logeons dans un petit hôtel familial à Grande-Terre, la péninsule orientale de l'île, qui est surnommée la « petite Bretagne des Antilles » pour ses côtes rocheuses et ses plages de sable blanc. Mais une Bretagne avec des lagons turquoise et des palmiers !

Le balcon de notre chambre donne sur un jardin luxuriant planté de cocotiers et de bananiers. Les lauriers et les bougainvillées en fleurs jettent des notes éclatantes de rose, de pourpre et de vanille dans la verdure. Au-delà, à cent cinquante mètres, la mer étincelle. Installée sur mon transat, je me repais de la vue idyllique et de l'air parfumé qui monte du jardin. Les iguanes grimpent le long des troncs pour y dénicher des insectes, et les sucriers, de tout petits oiseaux au ventre couleur bouton-d'or, volettent d'un arbre à l'autre. La quiétude et la beauté de ce lieu me font un bien fou et je retrouve un peu de sérénité. Tous les matins, après le petit déjeuner, nous allons nous baigner et restons bavarder sur la plage avec les habitants du cru. En fin de journée, nous rendons visite à mes oncles et tantes, et nous nous attablons autour d'un colombo de poulet, à la sauce épicée de coriandre, de curcuma et de paprika, accompagné d'un gratin d'igname.

La paix s'instille dans mes veines mais en même temps je pleure tous les jours. Tant de souvenirs remontent à la surface. Lorsque nous partons passer une journée aux Saintes, deux îles paradisiaques à trente minutes de bateau de la Guadeloupe, interdites aux voitures, chaque lieu m'évoque Léa. La plage Pompierre, avec ses eaux turquoise et son sable doré où elle ramassait des coquillages. Les chemins bordés de tamariniers où elle s'émerveillait de voir des cabris en liberté. Le bourg de l'île principale, où nous nous étions promenés avec elle, admirant les jolies maisons basses et leurs portails peints dans des jaunes, bleus et rouges éclatants.

Lorsque nous déjeunons sur une terrasse ombragée de frangipaniers, j'ai les larmes aux yeux en voyant des dombrés au menu. Des petites boulettes de pâte cuites dans des lentilles au lard, son plat favori.

Un soir, en regardant les actualités télévisées dans notre chambre d'hôtel, nous apprenons que les Américains ont décidé de bombarder la Syrie et l'Irak, en coalition avec d'autres pays dont la France. Les images montrent des bombardements près d'Alep, région où vit Léa.

Nous sommes choqués, inquiets pour notre fille. A l'époque, Thierry et moi en savons encore peu sur le groupe EI, ou Etat islamique. Nous ne nous précipitons pas pour regarder des reportages sur ce thème, préférant visionner des films en DVD. Je sens que j'ai besoin de ne pas me laisser envahir par ces images, de me protéger de ce monde cauchemardesque qui m'a pris mon enfant. Trois mois plus tôt, le 29 juin 2014, l'organisation EI, aussi appelée Daesh, a proclamé l'établissement d'un califat sur le vaste territoire qu'elle contrôle, à cheval sur l'Irak et la Syrie. Mais je n'ai pas prêté attention à ce fait, c'est plus tard que je le saurai. Et c'est seulement en août, lorsque Léa m'apprend qu'elle attend un garçon, que mon attention est éveillée par le logo sur le profil de sa messagerie. Ce drapeau noir avec des inscriptions en arabe. Elle l'avait affiché précédemment mais c'est à ce moment-là que je le remarque. En faisant des recherches sur Internet, je réalise que c'est l'emblème de l'EI.

Là, dans ma chambre d'hôtel de la Guadeloupe, je décide alors de lui envoyer un message. Ces trois derniers mois j'ai voulu tout oublier, mais c'est impossible. Elle fait partie de moi, elle est ma vie, mon sang. Si elle meurt, nous ne le saurons même pas, dis-je à Thierry. Je tape rapidement quelques mots : « Bonjour, je voulais avoir de tes nouvelles. Comment va le bébé ? » La réponse me parvient dès le lendemain. « J'ai rêvé de toi et de papa ! Donne de tes nouvelles.

— On est aux Antilles.

— C'est trop bien, vous avez de la chance ! »

Je sens à sa voix qu'elle pense avec nostalgie à la Guadeloupe. J'en suis heureuse, son cœur n'a pas tout oublié, il est sensible à ces souvenirs.

« Le bébé va bien, il pousse. Quand revenez-vous ? » demande-t-elle. Je lui réponds que nous rentrons le 6 octobre. D'ici là, je promets d'envoyer de courts messages mais la communication n'est pas idéale car il y a six heures de décalage entre la Guadeloupe et la Syrie. « Préviens-moi dès que vous êtes rentrés », ajoute-t-elle.

A mon retour à Paris, j'ai envie de vivre différemment cette relation avec ma fille. De ne plus être dans le conflit, de discuter calmement et d'éviter de me fâcher. Nous prenons rendez-vous pour dialoguer sur Messenger et j'écris : « J'ai été dure.

— Pas du tout, c'est moi qui ai été dure.

— OK, on oublie ça, et on repart à zéro. On reprend des relations calmes, tranquilles. On n'est pas obligées de s'énerver ni de se dire des méchancetés. »

J'ajoute que je serai toujours présente pour elle, quoi qu'il arrive. Elle s'avoue surprise mais contente.

Je réfléchis à ce dont je pourrais discuter avec elle, à la façon de nourrir nos échanges. Une amie musulmane m'encourage à lui parler du Coran. « Il y a de très beaux écrits, tu verras, cela t'aidera à communiquer avec ta fille. » L'idée est bonne et m'intéresser à ce texte n'implique pas de me convertir, alors pourquoi pas, me dis-je.

Il me paraît normal que si je souhaite comprendre un peu mieux ma fille, je doive me pencher sur ce qui la nourrit tous les jours, c'est-à-dire la religion. Cela me donnera un autre regard sur les choses. D'autre part, j'ai envie de lui faire comprendre que l'islam n'est pas ce qu'on lui apprend. Si nous échangeons sur ce thème, cela enrichira peut-être sa vision.

Lorsque j'en parle à Léa, elle est ravie. « Ah, tu t'intéresses enfin à ce que je vis ici ! » Elle me propose aussitôt de me donner le contact d'une sœur musulmane, proposition que je décline poliment.

Conseillée par mon amie, j'envoie des sourates à ma fille qui me répond et m'en envoie à son tour. Pas de remarques acerbes ni de mots vexants, nos conversations restent calmes. Cependant nous ne sommes jamais au diapason ! Selon moi, la sourate sur la Mère signifie que les enfants doivent avant toute chose écouter et respecter celle qui leur a donné la vie. Ma fille n'est pas d'accord ; pour elle la volonté du prophète passe avant tout. Les enfants doivent mourir pour Allah si telle est Sa volonté. Je rétorque : « Ce n'est écrit nulle part dans le Coran ! » Elle n'en démord pas. Un autre jour, elle me dit qu'elle est trop occupée pour converser. « J'ai cinq prières obligatoires à faire par jour. » Or ces prières sont recommandées et non pas imposées par le texte sacré. Là encore, c'est moi qui suis dans le faux, paraît-il !

Lorsqu'elle m'envoie des versets accompagnés de textes explicatifs sur le djihad offensif, qui parlent de tuer et massacrer les « mécréants », je ne réponds même pas. Un autre jour, je lui envoie la sourate 2 intitulée « Al-Baqarah », ou « La Vache », un beau texte sur la piété qui dit :

« *Voici le livre sur lequel il n'y a point de doute ; c'est la direction de ceux qui craignent le Seigneur ; de ceux qui croient aux choses cachées, qui observent exactement la prière, et font des largesses des biens que nous leur dispensons ; de ceux qui croient aux révélations envoyées d'en haut à toi et avant toi ; de ceux qui croient avec certitude à la vie future. Eux seuls seront conduits par leur Seigneur, eux seuls seront bienheureux.*[1] »

Apparemment, c'est la sourate la plus importante du Coran, écris-je à Léa qui m'approuve. C'est la seule fois où nous sommes d'accord.

Ces échanges ne durent que quelques semaines. Petit à petit, elle me parle de moins en moins de religion. De mon côté, mon intérêt s'émousse. Au moins, cela nous aura permis de nous rapprocher et de renouer le dialogue sur un mode moins conflictuel.

Au fil des jours, nous parlons plutôt de sa santé. La naissance du bébé approche, elle est prévue au début de décembre. A mes questions, elle répond : « Je ne peux pas te dire où je vais accoucher, mais je serai probablement obligée de partir d'ici. »

---

1. Trad. Kazimirski.

En novembre, elle me confie : « Ça devient difficile, vivement que j'accouche. » J'essaie de balayer mes inquiétudes. Je ne cesse de me répéter : « Pourvu que tout se passe bien... » Et le matin, j'adresse désormais une nouvelle prière à Bouddha. Je lui demande de prendre soin de ce bébé à naître : mon futur petit-fils.

18

Femmes sans frontières

L'automne est riche en rencontres. Tout d'abord, à mon retour de Guadeloupe, en octobre, Dominique Bons, la maman toulousaine que j'avais cherché à joindre en mars, me répond enfin ! Des problèmes de santé l'avaient empêchée de le faire plus tôt.

Le contact passe très bien et c'est tout naturellement que nous nous tutoyons. Après un premier échange de mails, nous nous téléphonons régulièrement. A chaque fois, nous restons facilement une heure au bout du fil. De sa voix douce empreinte d'un léger accent du Sud, elle se raconte, parle de son fils Nicolas ; de mon côté, je lui dépeins mon histoire. Nous sommes sur la même longueur d'onde ; sans l'avoir rencontrée, j'ai l'impression de la connaître depuis toujours.

« Tu n'as pas ton association ? » me demande-t-elle d'emblée. Depuis qu'elle a créé la sienne, « Syrien ne bouge… agissons », une organisation sans bureaux mais dotée d'un site Web, de nombreuses personnes la contactent par courriel. Les messages n'arrivent pas seulement du Midi mais de toute la France. « Je reçois pas mal de mails de familles en région parisienne. Si tu créais ta structure, je pourrais les réorienter vers toi », suggère-t-elle.

L'idée me séduit. Je sens que le moment est venu d'aider d'autres parents, de les écouter et de les faire profiter de mon expérience. Comme Dominique, j'ai le désir d'être à l'écoute de ces familles dont les enfants sont partis, manipulés, pour la plupart, par des mouvances radicales. Moi qui me suis sentie très seule au moment du départ de Léa, j'aurais apprécié d'être réconfortée et guidée dans mes démarches auprès des autorités.

De plus, nous voulons aider les parents à repérer les signes d'une éventuelle radicalisation avant qu'il ne soit trop tard. Le fils de Dominique est mort, Léa est partie. Si nous parvenons à empêcher d'autres jeunes de tomber dans le piège de l'extrémisme, alors notre histoire ne sera pas arrivée pour rien.

« Je n'ai pas mis au monde un terroriste », dit souvent Dominique. Cette pensée me trotte aussi dans la tête. Personne n'est terroriste ou délinquant à la naissance. C'est par ignorance, par naïveté et par crédulité que nos enfants se font manipuler. Ils croient faire un choix personnel mais sont instrumentalisés par ce nouvel « Etat islamique » qui les attire dans ses filets et se sert d'eux comme chair à canon. Sans s'en rendre compte, ils succombent peu à peu, malgré eux, aux sirènes du radicalisme et de l'intolérance.

Fin octobre, je fais officiellement enregistrer les statuts de mon association. En espérant que d'autres parents agiront de même. Si un réseau de familles se mettait en place dans toute la France, nous serions mieux armés pour exiger plus de collaboration de la part de la police et de la justice. Car tant de questions restent en suspens. Comment se fait-il que personne n'ait interpellé B. quand il était en France et que son adresse était connue ? Pourquoi la police n'a-t-elle pas récupéré ma fille quand elle était encore dans l'Hexagone ? Lorsqu'elle a été interpellée par hasard après sa première fuite, pourquoi la police ne s'est-elle pas préoccupée de questionner son compagnon ? Surtout, comment ma fille, mineure, a-t-elle pu passer la frontière sans problèmes alors qu'elle était recherchée ?

Le fait qu'elle soit majeure depuis peu – elle a eu dix-huit ans au mois d'août – n'interdit pas la qualification de délit de « soustraction de mineure ». Notre plainte contre B. tient toujours. Cependant, Léa n'est plus recherchée pour « disparition inquiétante » – terme utilisé pour les mineurs – mais fait l'objet d'un simple « avis de recherche ». A notre retour de Guadeloupe, un officier de la police judiciaire est d'ailleurs venu chez nous pour une perquisition « surprise », afin de vérifier que Léa était toujours absente, et que nous ne la cachions pas.

Ma frustration est si forte que j'écris une nouvelle lettre au président de la République. Son cabinet me répond poliment. « Madame, votre courrier est bien parvenu au président de la République qui nous a confié le soin de vous répondre. J'ai aussitôt rappelé votre situation à monsieur le ministre de l'Intérieur que j'avais précédemment saisi de vos difficultés. Je vous prie d'agréer, Madame, l'assurance de ma considération distinguée. » En clair, ils veulent que j'arrête de les embêter !

C'est à la même époque que ma route croise celle d'une mère de famille belge, Salima. Nous faisons connaissance lors d'un petit déjeuner organisé à Paris par une relation commune, Hasna, une documentariste bruxelloise qui prépare un magazine télévisé sur les jeunes Européens séduits par le djihad. De Salima, je sais peu de chose, simplement que son fils est parti en Syrie en août 2013 et qu'il est mort dans un attentat-suicide en décembre de la même année, à l'âge de dix-huit ans. Mais lorsque je lui parle pour la première fois, j'ai l'impression de me voir dans le miroir. Pourtant, nous ne nous ressemblons pas. Ses longues boucles noires tranchent avec mes cheveux coupés court ; elle a un visage rond, le mien est ovale ; de grands yeux bruns en amande, alors que les miens sont ronds. C'est dans son regard que je me reconnais. Malgré son sourire franc et chaleureux, il est vide, comme le mien. Déserté par la joie. Sans lueur, sans éclat. Le jour où Léa est partie, mes yeux se sont éteints. Comme les prunelles de Salima.

Nous devisons comme si nous étions amies depuis toujours. J'ai parfois la curieuse impression d'avoir déjà rencontré certaines personnes dans une vie antérieure. Elle en fait partie.

Quelque temps plus tard, vers la mi-novembre, elle m'appelle de Bruxelles. « Il y aura bientôt un colloque international à Vienne, en Autriche. Les mamans concernées, et qui ont créé une association, sont invitées. Veux-tu venir avec moi ? » J'accepte avec enthousiasme, ravie à l'idée de rencontrer d'autres mères. Le séminaire est organisé par la branche autrichienne de Femmes sans frontières. Depuis trente ans, cette association internationale aide les femmes de toutes origines à accéder à l'alphabétisation et à la formation. Aujourd'hui elle a élargi ses objectifs pour soutenir, partout dans le monde, celles dont les enfants se sont radicalisés. Femmes sans frontières prend en charge mes trois nuits d'hôtel à Vienne, où je partagerai une chambre avec Salima. Seule ombre au tableau, mon amie Dominique, également conviée à la conférence, ne peut se déplacer car elle est souffrante.

Je n'ai à payer que mon billet d'avion, que je réserve pour le 8 décembre. Le 7 décembre au soir, je boucle ma valise. Un pantalon, un pull... non, allez, deux gros pulls de laine. Moi qui adore les pays chauds et suis frileuse comme pas deux, j'appréhende le climat d'Europe centrale où je n'ai jamais mis les pieds.

Soudain à minuit, mon téléphone affiche un nouveau message. C'est Léa ! « Ça y est, maman, j'ai accouché, il s'appelle Mounir. » Elle m'envoie une photo d'elle avec son fils, un beau bébé au visage rond comme une pomme. Sur la dernière photo d'elle qui datait du mois d'avril, ses traits étaient légèrement bouffis. Là, elle a l'air reposé, son visage est lisse, elle n'a pas de cernes et ses sourcils sont épilés. Je la retrouve telle que je la connais et lui écris aussitôt : « Je suis super contente ! Tu as fait un beau garçon, tu es toujours aussi belle. »

J'ignore où elle se trouve mais des « accoucheuses » l'ont aidée, dit-elle. En dépit de tout, cette naissance me remplit de joie. Oubliées, la colère et l'angoisse dans lesquelles m'avait plongée son départ. Je ne veux pas non plus penser au père de l'enfant. Je me laisse submerger par le présent, par cet instant de pur bonheur. Je ne me lasse pas de regarder la photo : ma fille, vivante, un adorable bébé dans les bras ! Certes, je me demande, avec un pincement au cœur, si je connaîtrai un jour cet enfant. Mais je balaie cette pensée désagréable et me prends à rêver. Qui sait, le fait d'être maman donnera peut-être envie à Léa de se rapprocher de sa famille et de rentrer en France.

Pour la première fois depuis longtemps, je dors d'un profond sommeil. Le lendemain, à mon arrivée en Autriche, Edith Schlaffer, la responsable locale de Femmes sans frontières, m'accueille d'un « *You look very happy !* ». Je suis si heureuse que je montre la photo de ma fille à toute l'équipe, et à Salima qui vient d'arriver de Bruxelles avec Hasna, la réalisatrice.

Comme en écho à ma propre joie, Vienne est en liesse. En Autriche, le 8 décembre est férié ; c'est la fête de la Vierge Marie, l'Immaculée Conception. En fin d'après-midi, Salima et moi partons nous balader dans la ville qui brille de mille feux. Le temps est beau, froid mais sans neige ; il y a des bougies partout aux fenêtres et dans les rues piétonnes, des enfants de chœur en robe rouge et surplis blanc se dirigent en chantant, cierge à la main, vers la cathédrale Saint-Etienne. Je découvre une ville pétrie d'histoire, élégante et impériale, empreinte du souvenir de l'empereur François-Joseph et de Sissi. Le palais des Habsbourg, la Hofburg, est plus qu'un château : c'est une vraie ville dans la ville, avec pas moins de dix-huit ailes et une vingtaine de cours différentes ! Des lanternes jettent des flaques de lumière sur les pavés où claquent les sabots des chevaux ; fouet à la main, des cochers en haut-de-forme promènent des touristes en calèche.

Le lendemain, nous sommes une quarantaine à nous retrouver dans l'université de Vienne, un édifice centenaire aux murs sombres, dotés d'imposantes doubles fenêtres. Cependant la salle où a lieu le séminaire est moderne, équipée d'un tableau et d'un projecteur. L'ambassadeur du Royaume-Uni et l'ambassadrice des Etats-Unis en Autriche prononcent un petit discours de bienvenue, avant de céder la parole au ministre autrichien du Travail et des Affaires sociales, qui ouvre le colloque. Je ne perds pas une miette de ce qui se passe grâce à Hasna qui traduit en chuchotant à mon oreille. Il y a là des participantes de tous les pays d'Europe : Belgique, Angleterre, Allemagne, Suède, Danemark… et même du Canada ! La moitié des femmes présentes ont perdu un fils, mort au combat. Je suis étonnée d'apprendre qu'autant de pays sont concernés. Il est clair que ce fléau touche le monde entier, et c'est effrayant. Plus de 15 000 étrangers auraient rejoint la Syrie et l'Irak. L'Arabie saoudite et la Tunisie sont les premiers pays pourvoyeurs, avec environ 3 000 et 2 000 citoyens respectivement. Il y aurait environ 3 000 combattants étrangers issus de pays membres de l'Union européenne, parmi lesquels la France compte le plus grand nombre de départs : en cette fin d'année 2014, 1 200 jeunes Français ont rejoint des groupes djihadistes en Syrie et en Irak, dont une centaine de filles. Ils seraient près de 600 en Allemagne et au Royaume-Uni, et 450 en Belgique. En Autriche et au Danemark, environ 150 jeunes seraient partis pour le djihad. Même des pays aussi éloignés que le Canada et l'Australie sont affectés par le phénomène, avec respectivement 100 et 250 départs. Des chiffres estimatifs car certaines familles n'informent pas forcément les autorités de la fuite d'un proche.

Par rapport au nombre d'habitants, la Belgique est le pays le plus touché avec 39,4 départs pour un million d'habitants. Dès les années 1970, l'Etat belge a accueilli sur son territoire des wahhabites, un courant ultra-traditionaliste de l'islam né en Arabie saoudite. Des cheiks ont financé la restauration d'un ancien édifice et, en échange, le gouvernement belge leur a donné un lieu de culte. La population d'origine maghrébine a été prise en charge par des imams saoudiens et l'Etat a laissé faire. Puis un mouvement salafiste s'est peu à peu greffé sur ce terreau. Des prédicateurs de rue ont investi certains quartiers à la recherche de jeunes vulnérables, à la sortie des mosquées, sur des terrains de foot, pour leur dispenser un discours teinté de désespoir, dans lequel les musulmans étaient systématiquement présentés comme des victimes de l'injustice. Un discours de fin du monde, de haine.

Le leader de ce groupe extrémiste avait mis en place un restaurant caritatif afin d'attirer les jeunes en quête de plus de justice sociale. On y distribuait des repas gratuits, mais uniquement aux musulmans. Le lieu est devenu l'antichambre du radicalisme. Cet homme endoctrinait les jeunes pour les convaincre de donner leur vie pour le djihad et a aidé certains adolescents à partir. Il a été arrêté depuis, après que la police a mis la main sur un enregistrement où on l'entendait dire à deux garçons : « Ce n'est pas grave de se faire exploser, le corps n'est qu'une enveloppe. »

Dans tous les pays, le problème est le même : *via* des mouvements caritatifs et grâce aux réseaux sociaux, le radicalisme exerce une attraction puissante sur les jeunes. La conférence me convainc d'une chose : il faut absolument que nous, les mères de tous les pays, travaillions la main dans la main, que nous parlions d'une voix commune dans les forums internationaux, et que nous mettions en place de nouvelles stratégies. Pendant le colloque, plusieurs pistes de réflexion sont ouvertes. Ainsi, des « écoles de mamans » pourraient être créées dans chaque pays ; il s'agirait de former les mères de famille pour qu'elles repèrent les signes de radicalisation chez un enfant et qu'elles soient armées pour y répondre.

L'un des témoignages les plus intéressants est celui d'un Danois qui dirige, dans une petite ville, une « maison d'information » pour les combattants de retour du djihad. Au Danemark, on met l'accent sur la réinsertion plutôt que sur la répression. Si les jeunes qui reviennent de Syrie en expriment le souhait, on essaie de les réinsérer dans la société, en leur proposant une activité. Ceux qui ne veulent plus vivre chez leurs parents sont hébergés en appartement. Le centre d'information est une sorte de maison pilote où ils trouvent porte ouverte, peuvent parler à des conseillers et bénéficient, s'ils le désirent, de l'aide de médecins et de psychologues. Les familles, la police, les éducateurs, tout le monde coopère pour que la réintégration se passe le mieux possible. L'idée me plaît beaucoup. Ce serait formidable de mettre en place une structure similaire en France ; je me dis que je ferai tout mon possible pour faire avancer cette idée. Un jeune qui a été séduit par le djihad et qui désire rentrer chez lui ne peut avoir que deux motivations : commettre un attentat, ou bien recommencer une nouvelle vie. S'il est établi qu'il veut repartir d'un bon pied et mener une vie honnête, notre société doit être à son écoute et lui proposer autre chose que la prison. En écoutant l'intervention du directeur de cette maison pilote danoise, je pense à ma fille. Je ne sais pas ce dont elle a pu être témoin ; mais, vivant dans un pays en guerre, elle a forcément vu des choses horribles, insoutenables. Elle aura besoin d'aide psychologique pour surmonter tout cela, et ce type de structure serait adéquat.

Le séminaire offre aussi des moments forts, émouvants. Je fais la connaissance de Mouna, une Suédoise de confession musulmane. Cette femme au visage dur, barré d'une paire de lunettes sévères, se révèle très communicative. Grâce à son mari francophone, nous bavardons longuement : comme Léa, sa fille mineure est partie en Syrie après avoir revêtu la burqa et nous découvrons que nous partageons beaucoup de choses. Nous sommes les seules à avoir une fille, les autres participantes ont des garçons.

Originaire d'Allemagne, Helke est une femme grande, charpentée, aux cheveux blonds grisonnants. Pendant le colloque, elle attire mon regard car elle ne cesse de pleurer. Elle masque ses yeux rougis derrière des lunettes noires. Son visage est terriblement marqué, creusé par la fatigue ; visiblement, cette femme ne dort plus.

Helke parle assez bien le français et un soir elle me raconte son histoire. Elle n'a plus eu la moindre nouvelle de son fils unique depuis deux ans. Un jour, le téléphone a sonné chez elle. Une voix a parlé en arabe mais elle n'a rien compris. Peut-être lui annonçait-on la mort de son garçon. Elle n'en sait rien. Elle est rongée par le chagrin. Sans mari et sans famille, pratiquement sans amis, elle est terriblement seule et n'a jamais parlé de cela à son travail. C'est sans doute l'une des toutes premières fois qu'elle se confie à autrui.

Je suis bouleversée. Sa vie est une torture. Cette mère est privée de tout : de son fils, de sa vie. Elle est aussi privée de se recueillir sur une tombe, empêchée de faire son deuil.

Je me dis que dans mon malheur, j'ai beaucoup de chance. J'ai un mari et un fils qui m'aiment, des amis chaleureux, un foyer paisible. Je suis entourée d'affection. Ma fille est vivante et vient de donner la vie. Je communique régulièrement avec elle. Oui, décidément, j'ai beaucoup de chance. Et je ferai tout pour aider celles qui en ont moins que moi.

19

Maternité

Depuis mon retour d'Autriche, ma fille me donne régulièrement de ses nouvelles *via* la messagerie Messenger. Parfois plusieurs fois par jour ! En dialoguant avec elle, j'essaie de la rassurer, de l'entourer d'affection grâce à de petits mots réconfortants. « J'ai eu du mal à l'allaiter au départ mais maintenant ça va super bien », m'écrit-elle deux semaines après la naissance. Je réponds : « Oui, c'est normal, il faut faire connaissance avec l'enfant. Chacun apprivoise l'autre. Je suis contente pour toi que ça se passe sans problèmes. »

Je me revois à la maternité ; je n'ai pu allaiter aucun de mes deux enfants car je n'avais pas de lait. Pourtant je n'ai éprouvé aucune frustration tant j'étais absorbée par la joie de découvrir ce petit être qui entrait dans ma vie ; ses moues, ses bâillements, ses petits poings fermés dans son sommeil, tout m'émerveillait.

Mais le fait que Léa, elle, le puisse m'étonne et m'épate tout à la fois. Elle, si mince, si freluquette que je l'appelais « ma crevette », et qui n'avait pratiquement pas de poitrine ! J'ai du mal à réaliser qu'elle est devenue mère et que sa vie quotidienne se déroule au même rythme que celui de toutes les mamans ; une journée ponctuée par les tétées, avec quelques heures de sommeil grappillées çà et là pendant que le bébé dort. Je n'arrive pas à me projeter là-bas, dans son nouvel environnement, dans ce pays qu'elle a choisi et que je ne connais pas. Il est difficile de se représenter la vie d'un être cher lorsqu'on ne le voit pas, qu'on lui parle très rarement de vive voix et qu'on ne peut pas le serrer dans ses bras.

Au moment où elle met son bébé au monde, ma fille a dix-huit ans. Mais dans mon cœur et dans mon esprit, elle a toujours seize ans et demi. Le temps s'est arrêté le jour où elle est partie. Pour moi, elle est restée l'adolescente frêle et gracieuse, capable d'embêter tout le monde avec ses caprices de gamine. Une « petite princesse » aux longs cheveux qui se maquille avec raffinement mais qui lèche sa tartine de Nutella avec une gourmandise d'enfant.

Difficile, aussi, de penser à ce nouveau-né comme à mon « petit-fils ». D'abord parce que ce mot me renvoie implicitement au père, auquel je ne veux être liée sous aucun prétexte. Et puis j'ai du mal à me représenter cet enfant que je ne connais pas et dont j'ignore le son de la voix. Il demeure encore une personne abstraite. Obligée de jouer mon rôle de mère et de grand-mère à distance, je me retrouve dans une sorte de no man's land où les aiguilles de l'horloge sont figées. Un curieux espace-temps en deux dimensions, régi par des syllabes et des mots tapés sur un clavier.

Néanmoins nous avons toutes deux retrouvé une certaine complicité. Il nous arrive de converser de tout et de rien, des petites banalités de la vie. « Bonjour, qu'est-ce que tu fais aujourd'hui ? m'écrit-elle.

— Tu sais, la routine. Le boulot, papy, les courses... Et toi ?

— Moi aussi. Tu sais, le temps est long... Toi aussi ?

— Oh oui, si tu savais... Le temps est tellement long sans toi !

— Pour moi aussi, maman. Le temps est très, très long sans vous... »

Nous lui manquons. Elle me demande des nouvelles de son père, de toute la famille, de sa cousine. Elle exprime aussi sa tristesse de ne pas pouvoir parler à son frère Sébastien. Ce dernier refuse toujours d'entendre parler d'elle et ne veut même plus prononcer son nom. Sa grand-mère paternelle qui vit avec nous et qui a aussi été anéantie par son départ lui manque terriblement.

« Tu lui diras que je l'aime fort et que je l'embrasse énormément, et qu'elle ne s'inquiète pas pour moi. » Ma belle-mère est heureuse de ce message et contente de savoir sa petite-fille en bonne santé mais elle est, comme nous, extrêmement perplexe et désarçonnée. Pourquoi faire un bébé si jeune, pourquoi l'élever là-bas, dans un pays en guerre ?

En tout cas, je me réjouis que Léa ait envie de renouer avec les siens.

« Viens me voir, écrit-elle, les familles ont le droit de venir, me demande-t-elle à plusieurs reprises.

— Je veux bien, mais pas en Syrie. Tu n'as qu'à sortir et on se retrouvera en Turquie. »

Elle sait pertinemment que si elle franchit la frontière, je ne la laisserai jamais repartir. Aussi, elle invoque toutes sortes d'excuses : elle n'a pas le droit, elle n'a plus de passeport… Pourtant je suis presque sûre qu'elle est déjà sortie de Syrie sans papiers. J'ai lu dans les médias que la frontière est extrêmement poreuse et que les membres du groupe EI la franchissent aisément ; ils achemineraient des armes et des produits alimentaires grâce au soutien d'organisations turques. De plus, de nombreux blessés de l'EI seraient soignés dans des hôpitaux turcs. Peut-être Léa a-t-elle bénéficié de ces facilités et a-t-elle accouché de l'autre côté de la frontière, qui sait ?

Tant de semaines et de mois ont passé et elle me manque toujours autant. Un jour de blues – environ un mois après la naissance de son fils –, je lui écris : « Je voulais juste te dire que tu me manques, je m'ennuie sans toi, ton rire, tes "maman je t'aime", tes caprices, tout me manque. Même si ça ne te touche pas, j'avais besoin de te le dire. »

Elle me répond en tapant en majuscules : « TOI AUSSI TU ME MANQUES ÉNORMÉMENT, J'AIMERAIS QUE TU SOIS LÀ EN CE MOMENT... Et arrête de dire que je m'en fiche. »

Je reçois de nombreuses photos du bébé ainsi que quelques photos d'elle, où elle apparaît sans voile. Léa accompagne son envoi d'un vrai sermon : je suis autorisée à montrer ces clichés d'elle aux femmes de la famille, ainsi qu'à son père et à son frère. Mais surtout pas à ses cousins. Selon les fondamentalistes, les parents éloignés qui seraient susceptibles de demander une femme en mariage n'ont pas le droit de voir son visage ! Je suis totalement ahurie par ces règles que je ne connaissais pas. Stupéfaite, et excédée par cet obscurantisme moyenâgeux.

Lorsque nous parlons de l'enfant ou de sujets anodins, Léa et moi retrouvons la relation de tendresse et de connivence qui nous unissait. Mais dès que nous abordons un autre thème, il est clair qu'un gouffre nous sépare.

20

Agir ensemble

Un dimanche dans un immeuble anonyme d'une ville de Seine-Saint-Denis. La fin de l'hiver approche et un soleil printanier entre à flots par les fenêtres de l'appartement situé au quatrième et dernier étage. Le vaste salon est sobrement meublé d'un canapé, de quelques chaises et d'une longue table sur laquelle sont disposés du café et du thé à la menthe, des jus de fruits et du gâteau au chocolat fait maison. Comme quasiment tous les dimanches, les parents de jeunes gens partis en Syrie se réunissent ici, dans les locaux de la Maison de la famille, une association fondée à l'automne 2014 pour leur apporter un soutien psychologique et d'éventuels conseils juridiques. Le lieu accueille aussi les familles qui s'inquiètent du changement de comportement d'un proche. Après avoir composé le Numéro Vert, elles sont orientées vers différentes associations, dont celle-ci.

J'ai rejoint cette structure temporairement. Je suis beaucoup plus libre de mon temps car je me suis mise en disponibilité de mon poste au centre de loisirs. Je pourrais me consacrer à l'association que je viens de créer et qui n'existe pour l'instant que sur le papier. Mais je ne me sens pas tout à fait prête pour être seule à la barre. Soif du contact d'autrui, désir d'apprendre, besoin de mûrir mon projet avant de le lancer sur les rails... Tout cela a pesé dans ma décision de repousser mon initiative à plus tard. Pour l'heure, j'investis mon énergie dans la Maison de la famille, où je passe quelques semaines. Je suis chargée d'y organiser ces réunions dominicales.

Ce dimanche, une quinzaine de personnes devisent autour de la table. Si certains se connaissent déjà, d'autres, comme Corinne, viennent pour la première fois. Rousse aux yeux verts, cette femme mince, sobrement vêtue d'un pantalon et d'une chemise en jean, a beaucoup de classe. Son fils Jérôme a quitté le domicile familial en octobre 2014, à l'âge de vingt-deux ans, pour apprendre l'arabe en Egypte. Un mois plus tard il informait ses parents qu'il était en Syrie. Corinne dépeint un fils aimant et équilibré, qui travaillait et vivait toujours chez ses parents en banlieue parisienne. « Il s'intéressait de plus en plus à l'islam. Un beau jour, il nous a annoncé qu'il s'était converti ; il nous a mis devant le fait accompli. Il s'est laissé pousser la barbe, s'est mis à manger halal. Nous avons accepté son choix ; tout se passait bien, on cohabitait sans problèmes. » Elle montre, sur son portable, la photo d'un jeune blond souriant. « Jérôme parlait souvent de la Syrie, des actes horribles perpétrés par le pouvoir. Il faut dire que les médias français n'ont pas arrêté de répéter que Bachar el-Assad faisait la guerre à son peuple. Mon fils est sensible, il a du mal à contenir ses émotions », explique-t-elle.

Confiants et tolérants, Corinne et son mari n'ont pas vu les clignotants qui s'allumaient. Peu à peu Jérôme a refusé que l'on pose la moindre bouteille d'alcool sur la table familiale ; exigé que l'on décroche des murs les portraits et photos de famille, en vertu d'un rigorisme qui prohibe toute représentation d'un être humain ; rompu avec sa petite amie sous prétexte qu'elle était impure. Ce glissement, ce passage d'une attitude pieuse à un comportement où le jeune s'exclut lui-même de son environnement et exclut tous ceux qui ne pensent pas comme lui, personne ne l'a perçu à temps. De même, quand Léa a arrêté de s'épiler et de se maquiller, j'aurais dû m'inquiéter.

Attentifs, les autres parents écoutent, apportent leur témoignage. Autour de la table, deux psychologues laissent les participants s'exprimer ; elles interviennent de temps à autre pour donner leur avis. En pantalon, chemise et mocassins noirs, Lydia est une maman en deuil. Son fils, qui avait rejoint le groupe Etat islamique, est mort récemment en Syrie. Elle se penche vers Corinne et lui dit d'une voix douce : « Vous savez, votre fils peut mourir. Il faut vous préparer. » Cette dernière acquiesce, souriante mais le regard grave.

C'est par hasard que Corinne a découvert la Maison de la famille. En cherchant sur Internet un groupe de parole, elle est tombée sur Dominique Bons, qui l'a mise en contact avec d'autres mères de la région parisienne ; et de fil en aiguille, elle a atterri ici. A aucun moment le commissariat et les services de renseignement ne l'ont informée de l'existence du Numéro Vert.

La Maison est un « havre de paix et d'oxygène », comme dit Corinne. Un cadre où la parole se libère et où l'on parle sans tabous. Où l'on sait que l'on sera écouté sans être jugé. Certains parents n'osent pas parler de la disparition de leur enfant à leur entourage ou sur leur lieu de travail. Par honte, ou par crainte de perdre leur emploi. Des peurs parfois justifiées. Une maman qui s'était confiée à un collègue de bureau s'est entendu dire par ce dernier : « N'en parle pas trop, tu pourrais avoir des problèmes. »

C'est toute la souffrance accumulée durant des mois qui s'exprime ici. Une jeune femme raconte qu'elle en a gros sur le cœur. Son frère lui avait annoncé qu'il partait en pèlerinage à La Mecque mais elle a découvert qu'en réalité il se trouvait en Turquie, à bord d'un autocar à destination de la Syrie. Elle a aussitôt alerté la police française et l'ambassade de France en Turquie ; il était encore temps de stopper le véhicule. Mais personne n'est intervenu. Cette histoire n'est pas exceptionnelle. Comme elle, de nombreux parents désemparés se posent la même question : pourquoi les autorités n'ont-elles pas intercepté nos enfants à la frontière ?

Un autre participant, Mehdi, confesse sa frustration. Sa sœur s'est radicalisée sur les réseaux sociaux et est partie seule, à l'âge de dix-huit ans, en Syrie, où elle s'est mariée. L'époux a demandé le divorce au bout d'un mois. La jeune femme est remariée mais, selon son frère, elle est malheureuse et voudrait rentrer en France. Les autorités françaises n'iront pas la rechercher là-bas et Mehdi se sent totalement impuissant. « La police a perquisitionné chez nous et m'a interrogé je ne sais combien de fois ; j'ai l'impression qu'ils nous considèrent, nous, comme des terroristes ! Alors que nous sommes des victimes », dit-il, visiblement excédé. Je partage son sentiment. Qui comprend notre calvaire ? Personne. Nous sommes des « familles de djihadistes », résume un article du *Canard enchaîné*. Lorsque des journalistes m'interviewent, il me semble que, derrière leurs questions, il y a toujours des sous-entendus : qu'est-ce qu'elle avait, votre fille ? Elle n'avait pas un problème ? Il y a des soucis dans votre famille, non ? Des cas sociaux ?

Des suspects *a priori*, voilà ce que nous sommes. Des insouciants, des négligents qui ont mal élevé leur enfant. Des incompétents qui n'ont pas su ouvrir l'œil, et le bon, quand il le fallait. Nous avons mis au monde une graine de terroriste et nous l'avons arrosée. Au mieux, on nous traite comme quantité négligeable. Certains ne nous voient pas forcément comme de mauvais parents. Mais de là à nous considérer comme des victimes, il y a un pas qu'ils jugent excessif de franchir ! Coupable, innocent, ou victime ?... Comme on ne sait pas dans quelle catégorie nous ranger, on évite de parler de nous. On nous classe dans la case des « oubliés ».

La Maison de la famille ne sert pas seulement à évacuer les frustrations. C'est aussi un lieu où l'on met des idées sur la table. Où l'on suggère, propose, discute. Afin de ne pas ressasser ses idées noires et de se projeter dans l'avenir. On ouvre des pistes de réflexion. C'est ainsi que naît le concept d'un travail de prévention auprès des jeunes qui sont en train d'être aspirés par une mouvance extrémiste.

Ce n'est encore qu'une idée, une ébauche, mais elle séduit tous les parents. A la fin de la réunion, Corinne soupire : « Si seulement tout cela avait pu se mettre en place il y a quelques mois… Un médiateur aurait pu approcher Jérôme et le dissuader de partir. »

21

Une vie sans elle

Léa m'apparaît de nouveau en songe. Vêtue de noir, encore une fois, des pieds à la tête. Mais je vois parfaitement son visage. Souriante, elle pose sur moi un regard affectueux et bienveillant. « Tout va bien, maman. » De cette image émane une telle paix qu'une sensation d'immense bien-être se diffuse dans mon corps. Et je m'éveille détendue, plus heureuse que je ne l'ai jamais été depuis son départ. Nous sommes dimanche, aussi je paresse un peu au lit pour profiter pleinement de ce moment de sérénité.

Le rêve était prémonitoire car un mot d'elle me parvient en fin de matinée. « Coucou, maman, écrit-elle. Je voulais te dire que maintenant je comprends ta douleur de mère. Car quand Mounir n'est pas avec moi, je souffre d'être séparée de lui. » Elle se plaint notamment qu'une « sœur » syrienne, qui partage avec son mari la même maison que ma fille, sorte le petit du berceau dès qu'il pleure et le prenne constamment dans ses bras.

Aucun message d'elle ne m'a fait autant plaisir. Ce jour-là est l'un de mes meilleurs dimanches. Légèrement euphorique, je flotte sur un petit nuage. Après les accrochages qui ont émaillé ces derniers mois, je suis si contente qu'elle se soit rapprochée et montre un peu d'empathie pour moi et pour ce que j'ai vécu.

Nous ne correspondons plus *via* les messageries habituelles. Sa page sur les réseaux sociaux a été désactivée, et elle n'a plus accès à Skype non plus. Son compte Facebook a été désactivé fin février. Je n'en suis pas surprise outre mesure. Car Léa avait commencé à publier sur sa page, peu avant son départ, des photos de combattants enturbannés, l'arme à la main. A l'époque j'avais moi-même demandé aux administrateurs du site de fermer son profil. En vain. Plus tard, on a pu y voir de la propagande pour la charia et des photos d'elle en burqa au bord d'une piscine, le visage totalement masqué par un tissu grillagé. Pas de réaction non plus. Jusqu'à ce que, tout récemment, j'y voie un cliché qui me suffoque : une photo de Mounir, âgé de trois mois, le drapeau de l'Etat islamique enroulé autour de la tête en guise de bonnet ! C'est sans doute la goutte d'eau qui a fait déborder le vase car le profil a disparu peu après. « *Ils* m'ont fermé mon compte », m'a informée Léa sans en dire plus. La police française est-elle intervenue auprès des administrateurs ou ces derniers ont-ils agi de leur propre initiative ? Ou bien des responsables djihadistes ont jugé que ma fille s'exposait trop ? Je l'ignore.

Pour que nous puissions à nouveau converser, elle me conseille de télécharger sur mon téléphone portable WhatsApp, une nouvelle application qui permet de transmettre des textes, des photos et des messages audio. L'ironie de cette histoire est que, grâce à Léa, qui m'a initiée à toutes sortes de logiciels auxquels je ne connaissais rien, les dernières technologies n'ont plus de secret pour moi ; je suis devenue experte en communication planétaire. Avec ce nouvel outil, nous reprenons rapidement nos échanges. « Mounir est grognon en ce moment, il a des petits boutons blancs sur la langue, s'inquiète-t-elle.

— Il a peut-être le muguet.

— Qu'est-ce que c'est ?

— C'est comme des aphtes dans la bouche. Tu l'as eu aussi quand tu étais petite. J'avais un problème avec les biberons qui étaient mal stérilisés, c'est souvent une question d'hygiène. »

Je la pousse à aller chez le médecin. Mais il faut attendre que son compagnon soit disponible pour l'y accompagner, car les femmes n'ont pas le droit de s'y rendre seules. Elles n'ont aucune autonomie. Toutefois, en cas de décès du mari, les femmes ne sont pas obligées de se remarier, m'explique ma fille, à condition de vivre avec une famille où le maître de maison sera leur tuteur.

Léa désire savoir à quel âge Mounir peut commencer à avoir une alimentation solide. Je lui réponds qu'elle peut commencer dès maintenant. « Tu lui donnes des légumes cuits. Surtout, tu les haches bien, il faut que ce soit de la purée. »

Ce printemps est une période bénie où nos échanges sont quasi quotidiens, sereins et sans conflit. « Je me suis acheté ça, qu'en penses-tu ? » s'enquiert-elle en joignant une photo où elle porte une jolie tunique ample, dans les tons rouges et gris, sur un pantalon noir. Je retrouve bien là ma fille, coquette jusqu'au bout des ongles. Je la félicite d'un « Tu es belle comme tout, ça te va très bien ».

Elle me fait part de petites histoires, me raconte son dernier échange avec son amie d'enfance. En avril, lorsque mon père meurt, elle m'envoie un long message audio ponctué de sanglots. Elle adorait son « papy » et a visiblement beaucoup de chagrin. Mais elle cherche aussi à me réconforter. « Ma petite maman, je voulais te dire que je pense bien à toi, je t'aime et je t'embrasse très fort. » Fin avril, elle me téléphone même plusieurs fois.

Et puis tout commence à se déliter.

Sans bruit, sans éclats, imperceptiblement.

Elle m'écrit moins souvent. « Je m'en vais pour cinq jours, je ne pourrai pas me connecter, je te recontacte en rentrant. » Quelques mots brefs à son retour, rien de plus. Elle part à nouveau pour une courte période. Alors que des photos du petit me parvenaient presque quotidiennement, je n'en reçois plus.

Elle devient distante, moins communicative. Je continue néanmoins à lui écrire régulièrement. Jusqu'au jour où, vers la mi-mai, elle m'envoie un message agacé : « Comment se fait-il qu'on parle de mon fils dans les journaux ? » Je tape sur le clavier : « Je ne sais pas, je ne suis pas au courant. Quand je donne des interviews, je te le dis. Là, je n'en sais rien. »

J'ai donné une interview qui a été publiée début avril. Une de ces nombreuses enquêtes où l'on démontre la façon dont les réseaux extrémistes exploitent le Web pour trouver de nouvelles recrues. Le texte mentionne sous leur vrai nom plusieurs jeunes partis en Syrie, dont B., et ajoute que ce dernier a eu un fils.

Silence radio de la part de Léa qui ne communique plus du tout. L'article a certainement contribué à jeter un froid entre nous. Je continue néanmoins à me manifester régulièrement. Un jour, une réponse me parvient en arabe. Surprise, j'écris en anglais : « Qui êtes-vous ? » Une photo s'affiche sur l'écran de mon portable. C'est celle d'un homme. Je tape : « Où est ma fille ? » Il éteint aussitôt l'application sur son téléphone et son numéro devient injoignable.

J'ai l'impression que mon cœur s'arrête de battre. Thierry et moi sommes accablés. Car nous savons que lorsqu'un numéro de téléphone est réattribué, cela signifie que la personne est décédée. Les jours s'étirent sans nouvelles d'elle. Dans une angoisse extrême, je ne dors plus que par bribes. Au bout de deux semaines, je joins Armelle, la meilleure amie de ma fille. Elle n'a pas dialogué avec Léa depuis un moment mais me promet de la contacter.

Soulagement, ma fille est vivante ! Elle a encore une fois changé de numéro de téléphone. Très remontée contre moi, elle a confié à Armelle : « Ma mère m'a balancée aux flics. Des savants m'ont dit qu'elle m'avait combattue dans la religion. » Son amie l'a rabrouée. « Léa, tu racontes n'importe quoi. Ta mère a perdu sa fille, essaie un peu de la comprendre. »

Difficile de comprendre ce que signifie précisément « elle m'a combattue dans la religion ». Cette formule vient sans doute des imams entourant ma fille. Cependant, bien qu'elle soit fâchée, elle est prête à me recontacter puisqu'elle me demande, *via* son amie, de télécharger une nouvelle application. Encore un logiciel que je ne connaissais pas… Adieu WhatsApp, bienvenue Viber, que j'enregistre sur mon appareil. La reprise de contact est abrupte.

A mon « Bonjour, comment vas-tu ? », elle réplique sèchement : « Qu'est-ce que tu veux ? »

Quelques jours plus tard, je laisse libre cours à mon exaspération. « Je ne sais pas si c'est toi qui liras ce message. Tu es partie faire quoi là-bas ? Je ne le sais toujours pas. Tu es avec un abruti qui va te faire enfant sur enfant. Jusqu'au jour, peut-être, où il prendra une autre femme. Et toi, tu seras la mère de ses enfants. Tu n'auras droit à rien. Quel bonheur !! Bravo à l'autre… Tu devrais être avec nous, ici, en train de faire des études. Je t'aime, c'est vraiment trop long sans toi. La souffrance empire au fil des jours.

— Tu me fatigues, tu me prends la tête avec mon mari. Lâche-le un peu. Passe à autre chose, répond-elle.

— Alors, je ne peux pas te dire ce que j'ai sur le cœur ? Ça aussi, c'est interdit ? »

Après cette querelle, nos échanges reprennent sur un ton plus calme. Toutefois le rythme s'effiloche. Je persiste à envoyer chaque jour un petit mot, comme une bouteille que je jetterais à la mer : « Bonjour, nous sommes inquiets. Envoie juste un petit message audio pour que j'entende ta voix. » Mais elle met parfois plusieurs jours à répondre.

J'ai sans doute une part de responsabilité dans le fait qu'elle s'éloigne de moi. Je ne veux pas être une béni-oui-oui qui se plie à tout, uniquement pour garder un lien avec sa fille. Je suis comme je suis : franche, incapable de prendre des gants et de cacher le fond de ma pensée. En désaccord avec elle sur bien des points, je tiens à mes opinions ; je ne vais pas m'aplatir comme une crêpe de peur de la perdre.

De toute façon, je l'ai déjà perdue. La réalité m'apparaît de plus en plus clairement. Il ne sert à rien de se voiler la face, Thierry et moi le savons. Et l'idée fait lentement son chemin dans notre esprit.

Léa ne reviendra pas.

Elle vient d'avoir dix-neuf ans. Ce n'est plus une adolescente mais une adulte, une jeune femme que je ne connais pas vraiment. Elle dit qu'elle est « bien » là où elle est. Il y a un an, il aurait encore été possible d'expliquer sa fuite par un caprice, un désir d'évasion, de rupture avec ses parents. Aujourd'hui cela fait deux ans que Léa est installée en Syrie. On n'est plus dans le coup de tête mais dans la résidence longue durée. Et plus le temps passe, plus sa pensée est modelée, façonnée, conditionnée par un régime quasi totalitaire ; plus elle est prise en charge par une communauté, une famille de substitution qui la « monte » contre nous, et moins il y a de chances qu'elle revienne. J'ai beau tourner et retourner la question dans tous les sens, l'équation est incontournable. Insoluble.

Je vis toujours avec la crainte qu'elle puisse mourir. Il n'est pas exclu qu'un jour les forces de Bachar el-Assad ou celles d'une autre armée lancent une offensive majeure contre l'Etat islamique, ce qui entraînerait immanquablement la mort de nombreux civils. Cette peur, je l'ai apprivoisée, j'ai appris à vivre avec elle sans qu'elle me paralyse. Toutefois, par moments, l'angoisse me saisit : si Léa meurt, qui me préviendra ? Mon pire cauchemar serait d'envoyer des messages dans le vide sans jamais avoir de retour, comme Helke, la maman d'Allemagne.

Il y a une chose encore plus compliquée.

Comment faire le deuil d'un enfant vivant ?

Figés dans l'attente et dans l'espoir du retour de Léa, Thierry et moi avions perdu le goût de vivre. Nous survivions. Aujourd'hui notre regard a changé. Il est plus lucide, plus réaliste. Cela nous rend très malheureux ; lucidité et tristesse font bon ménage. Mais cela nous donne aussi de l'énergie pour nous tourner vers autre chose.

Nous comprenons que notre vie est à reconstruire. Une vie sans Léa. Nous allons donner la priorité à notre couple, notre santé. Passer du temps avec nos amis. Symbole de ce nouveau départ, nous commençons des travaux dans la maison. Arrachage de papiers peints, apprêt, peinture, rénovation de la grille du jardin… Nous sommes des abeilles laborieuses.

Et je décide de relancer ma propre association. Mon histoire doit servir aux autres. Fourmillant d'idées, j'ai des projets plein la tête et Thierry m'encourage.

Une vie sans elle.

La vie, autrement.

22

Drôles de dames

Des projecteurs sous l'érable, des câbles qui courent dans l'allée et une caméra plantée dans l'herbe : le jardin de notre pavillon a des allures de plateau de cinéma. Casque sur les oreilles, le preneur de son ajuste les volumes tandis que le cadreur règle l'image sur mon amie Salima, assise dans un grand fauteuil en osier. Attention… moteur !

Ce film en tournage consiste en quatre clips qui devraient être diffusés sur des chaînes de télévision françaises à l'automne 2015. Dans chacun d'eux, un parent concerné s'adressera aux téléspectateurs pendant une minute trente. Salima, Jordan – le jeune homme que j'ai croisé à la première réunion de parents – et une autre maman ont accepté d'en être les protagonistes. Chacun parlera de sa souffrance d'avoir perdu, au sens propre ou au sens figuré, un fils, une fille, une sœur. Avec ses propres mots, sans scénario écrit d'avance. « Si j'avais été mis au courant par des familles ou par une association du danger qui guettait ma sœur, j'aurais tout fait pour l'empêcher de partir », déclarera par exemple Jordan. A la fin de chaque clip, on entendra ce message : « Vous êtes touché par la guerre. Vous n'êtes plus seul : appelez le 0 800 005 696 », et l'on verra le Numéro Vert s'afficher à l'écran.

L'idée de ce film m'est venue après le colloque en Autriche. De retour en France, j'avais reçu une vidéo de la part des organisateurs. Un montage d'interviews réalisées pendant la conférence, où les mères relataient leur histoire. J'avais trouvé cela intéressant et percutant. Pourquoi ne pas faire la même chose en France ? ai-je alors pensé. Ce serait un excellent moyen de sensibiliser l'opinion publique à la souffrance des parents, trop longtemps méconnue. Et un outil de prévention efficace pour empêcher de nouveaux départs. Car les familles passées par cette épreuve sont les mieux placées pour en parler ; leur témoignage n'en serait que plus convaincant. Il alerterait les citoyens sur ce danger susceptible de toucher n'importe quel foyer. Et orienterait vers le Numéro Vert tous ceux qui voient leurs enfants glisser vers le radicalisme mais se sentent impuissants à enrayer cette dérive.

Les jeunes qui mettent le cap sur la Syrie et l'Irak ont en général un lien très fort avec leurs proches ; si fort qu'ils croient leur faire du bien en mourant en martyrs car, leur soufflent leurs endoctrineurs, toute la famille entrerait alors au paradis. Rendre visible l'émotion des familles meurtries aurait peut-être un effet dissuasif sur eux.

Je parle de mon idée aux parents que j'ai rencontrés depuis le départ de Léa : tous sont enthousiastes. En février 2015, une douzaine d'entre nous sommes reçus par le ministre de l'Intérieur, Bernard Cazeneuve. Il y a là des familles de toute la France, dont Dominique Bons. Au cours de l'entretien, nous soumettons notre projet de film au ministre. Le gouvernement vient tout juste de lancer, quelques semaines après les attentats du 7 janvier à Paris, un site Internet accompagné d'un clip choc de deux minutes ciblant les jeunes. Il montre les vidéos de propagande en couleur des djihadistes avec, en contrepoint, les images en noir et blanc (légèrement floutées) de la sombre réalité : décapitation, crucifixion... Le tout accompagné de slogans. Un pour les garçons : « Ils te disent : sacrifie-toi à nos côtés, tu défendras une juste cause... En réalité, tu découvriras l'enfer sur terre et tu mourras seul loin de chez toi. » Et un pour les filles : « Ils te disent : viens fonder une famille avec un de nos héros... En réalité, tu élèveras tes enfants dans la guerre et la terreur. »

Efficace pour les uns – au bout d'un mois, deux millions d'internautes l'auront visionné –, ridicule pour les autres, ce clip est un premier pas mais ne nous paraît pas suffisant. En diffusant les vidéos de propagande des djihadistes, on risque d'en faire la promotion. D'autant que ces images réalisées par des professionnels dans un style hollywoodien ont un pouvoir d'attraction. Nous attirons l'attention du ministre sur le fait que le Numéro Vert est encore ignoré du grand public ; notre projet permettrait de mieux le faire connaître.

Victoire ! Notre proposition est acceptée. Non seulement le ministère de l'Intérieur accepte de financer notre projet, mais il nous laisse libres de le mener à bien. Les autorités ont compris qu'il nous tenait à cœur et que nous voulions en être les maîtres d'œuvre. Notre film sera bien sûr réalisé par des professionnels, une maison de production que nous avons choisie.

Le gouvernement semble être plus à notre écoute, il commence à intégrer les parents dans la prise de décision ; les pouvoirs publics ont perçu le désarroi et la tristesse des familles. Si la France a réagi tardivement, par rapport à d'autres pays, aux dangers de l'embrigadement djihadiste, l'Etat a pris la mesure de la gravité de la situation. En avril 2014, il a lancé un plan national de lutte contre la radicalisation en deux volets. Le premier est axé sur la répression : il vise à démanteler les filières terroristes et à empêcher la diffusion de contenus illicites sur les réseaux. Le second volet concerne la prévention. Le gouvernement a su écouter les parents concernés qui prônaient une action dans ce domaine. Il a complété la mise en place d'une plate-forme téléphonique (Numéro Vert) par une page Web (www.interieur.gouv.fr) permettant aux familles de signaler des situations inquiétantes et de bénéficier d'écoute et de conseils.

Par ailleurs, en application de la loi antiterroriste votée en novembre 2014, les autorités peuvent priver de leur passeport et carte d'identité certains ressortissants français, soupçonnés de vouloir se rendre à l'étranger pour mener le djihad. Leur comportement est signalé grâce au Numéro Vert. En février 2015, six personnes majeures s'étaient vu retirer leurs papiers et une quarantaine d'interdictions étaient en préparation.

Quid des mineurs ? Depuis le début de l'année 2015, un citoyen peut demander que son enfant soit interdit de sortie du territoire, même s'il a seize ans. Une bonne mesure car elle permet d'agir en urgence et d'empêcher le départ imminent d'un adolescent. Mais elle est insuffisante et contraignante : les familles doivent se rendre à la préfecture et renouveler leur demande tous les quinze jours. Comme de nombreux parents, j'estime qu'il faudrait rétablir l'autorisation obligatoire de sortie du territoire pour les mineurs. C'est l'un des points sur lesquels j'entends faire du lobbying grâce à mon association.

Un autre chantier concerne la réinsertion dans la société. Le 19 mai 2015, lors d'une conférence de presse, Bernard Cazeneuve indiquait qu'à ce jour 457 Français, dont 137 femmes et 80 mineurs, se trouvaient en Irak. S'y ajoutent 105 Français qui auraient trouvé la mort, dont huit dans des attentats-suicides.

Par ailleurs, 213 seraient revenus en France. « Il y a des retours encadrés de Syrie toutes les semaines, parfois tous les jours », a précisé le ministre. Ces retours concernent ceux qui se rendent aux autorités.

Parmi ces individus, certains se retrouvent en prison, d'autres sont en liberté surveillée. Au sein du gouvernement, l'idée semble faire son chemin qu'il faudrait mettre en place de nouvelles structures pour prendre en charge les revenants du djihad. Le Premier ministre Manuel Valls a annoncé qu'un projet était en préparation et que ces nouveaux « centres », sur lesquels on n'a pas encore de détails, accueilleraient des individus majeurs.

J'espère que la France s'inspirera de l'exemple du Danemark. Je pense aux jeunes femmes en général, et aussi à ma fille. Si jamais Léa revenait en France, nous ne pourrions pas la reprendre à la maison. Après tout ce qui s'est passé, la cohabitation est inenvisageable. D'autres mères sont certainement dans le même cas que moi. Une maison d'accueil à la danoise serait la meilleure solution. Là aussi, mon association s'efforcera de promouvoir cette idée.

Je ne serai pas seule : mon organisation travaillera en étroite coopération avec celle de Dominique Bons puisque nous poursuivons les mêmes buts. C'est ensemble que nous avons rencontré la ministre de la Justice, Christiane Taubira. Pour lui faire part d'un épineux problème juridique. Les familles dont les fils ont péri en Syrie n'ont pas de certificat de décès. Elles apprennent la nouvelle par un simple coup de fil. Et même si le groupe Etat islamique se mettait à adresser aux familles les documents nécessaires, la France accepterait-elle des papiers venant d'un « Etat »… non reconnu et qualifié d'organisation terroriste ?

Impossible, donc, de prouver à l'administration française que leur enfant est bien mort. D'après la loi, il faut attendre dix ans, après une disparition, pour que l'administration française délivre un certificat. D'où de véritables casse-tête. Dominique continue à recevoir les courriers du fisc demandant à son fils de remplir sa déclaration de revenus ! Et si un père ou une mère vient à disparaître, la succession sera bloquée, car s'ils ne peuvent fournir la preuve que l'un des membres de la fratrie s'est éteint, ses frères et sœurs ne pourront ni vendre un bien, ni régler quoi que ce soit. Une situation kafkaïenne. Une issue est envisageable : établir un certificat de décès provisoire. Dominique et moi souhaitons encourager la réflexion dans ce sens.

La question des enfants nés en Syrie est encore plus complexe. Elle me touche bien sûr personnellement puisque je suis grand-mère d'un petit Mounir. Pour l'instant, au regard de la loi française, cet enfant n'existe pas. A mon avis, la France devrait nous autoriser, nous, ses grands-parents, à le reconnaître. Il faut qu'il ait une identité, qu'il soit inscrit à l'état civil et connu des autorités, ne serait-ce que pour une question de sécurité nationale. Car je me projette dans l'avenir. Ce bébé, cet ange aux bonnes joues que je vois en photo, dans quel état d'esprit sera-t-il quand il aura quinze ans ? Il aura été nourri d'une idéologie meurtrière, n'aura entendu que des horreurs. Toute son enfance aura été bercée au son des chants guerriers diffusés en continu à la radio sur le territoire contrôlé par le groupe EI. Sur ces ondes, pas de musique, rien que le mot

« Djihad ! » psalmodié sans fin. C'est ce que j'entends en arrière-plan sonore dans les messages audio que me laisse ma fille. Aussi, une pensée terrifiante me traverse parfois l'esprit. Après avoir baigné dans cette atmosphère pendant des années, et avoir entendu qu'il faut égorger ceux qui n'ont pas les mêmes idées que vous, le charmant bambin aura peut-être envie de rentrer en France et de tuer ses grands-parents. Parce que nous sommes des mécréants. Certes, ces enfants sont encore très peu nombreux. Mais ce sont les prochains combattants. Qui sait s'ils ne seront pas encore plus pugnaces que leurs pères ? Ce sujet est une vraie bombe à retardement.

L'enfance est au cœur de mon projet associatif. Et plus précisément l'action de prévention dans les collèges et les lycées de France. Car c'est à ce moment-là que tout se joue, à cet âge fragile où les adolescents sont le plus vulnérables. Je prévois de me déplacer dans le pays, en accord avec les rectorats, pour donner des conférences aux professeurs. Mon témoignage leur sera peut-être utile s'ils se retrouvent face à des adolescents en dérive. Par ailleurs un projet pédagogique verra bientôt le jour en Belgique, à l'initiative de mon amie Salima. J'ai l'intention de proposer pour un public français ce livret destiné à donner des clés aux enseignants, et qui sera complété par un support audiovisuel : comment repérer les signes d'un basculement vers l'extrémisme, comment aider les jeunes à discerner entre piété et radicalisme.

C'est également en Belgique que va démarrer l'« Ecole des mamans ».

Un programme de prévention dans lequel des mères joueront le rôle de « coachs » : elles animeront des réunions de quartier afin d'aider d'autres femmes à faire face à la radicalisation de leurs enfants. Une action intéressante dont j'espère qu'elle sera aussi reprise en France.

Il y a tant à dire, tant à faire ! J'ai de l'énergie à revendre. Outre le film, je me suis attelée à une bande dessinée ; j'en écris actuellement le scénario avec une jeune universitaire qui fait une recherche sur les jeunes filles attirées par le djihad. Nous nous mettrons ensuite en quête d'un dessinateur. La BD raconte l'histoire d'un frère, d'une sœur et d'un de leurs amis. Tous trois préparent leur départ en Syrie mais, une fois à l'aéroport, l'un des garçons, dans un éclair de lucidité, fait machine arrière. Ce livre n'est pas destiné à être vendu : je souhaiterais qu'il soit mis à disposition gratuitement dans les établissements publics, les bibliothèques, les collèges… Lutter avec des dessins contre les vidéos de propagande des djihadistes peut paraître dérisoire, un combat de David contre Goliath. Mais je suis persuadée que cela peut apporter quelque chose aux enfants. Il faut leur présenter une histoire dans laquelle ils puissent s'identifier. Ils regarderont peut-être des clips guerriers sur les réseaux sociaux, mais j'espère, que grâce à la BD, ils sauront mettre cette propagande en perspective et l'observer avec plus de discernement.

Le tournage est terminé pour aujourd'hui. Salima est enfin libérée. Elle essuie discrètement quelques larmes. Pendant quatre heures, elle a parlé de son fils face à la caméra, répondant aux questions du réalisateur.

Dans un autre coin du jardin, je papote avec mon amie Dominique, venue de Toulouse pour passer une semaine chez moi. Salima a retrouvé le sourire et l'appétit. « Comment, tu n'as rien à manger ? » me dit-elle en faisant semblant d'être fâchée. J'ai complètement oublié de faire les courses, mon frigo est vide et la seule pizzeria du quartier est fermée. Par miracle, il reste un plat de poisson surgelé dans le congélateur. Nous nous attablons toutes les trois autour de ce pique-nique improvisé en bavardant.

« Nous sommes les drôles de dames ! » plaisante Salima, en référence à la série américaine culte de la fin des années 1970. Après s'être engagées dans la police où on les cantonnait dans des travaux bien peu passionnants, trois femmes, Sabrina, Kelly et Jill, décidaient de mettre leurs talents au service d'un détective privé. Un mystérieux Charlie qui n'apparaissait jamais à l'écran. Bien évidemment, Dominique, Salima et moi n'avons rien du côté glamour de ces actrices superbes à la chevelure de rêve et à la taille mannequin. Mais nous formons désormais une équipe aussi soudée que l'ingénieux trio. Comme elles, nous sommes tout aussi attachées à notre indépendance.

En anglais, le feuilleton s'appelait « Les Anges de Charlie ». Je ne crois pas que l'une d'entre nous se soit jamais senti pousser des ailes. Si nous en avions, elles seraient un peu cramées. Nous avons toutes les trois survolé l'enfer d'un peu trop près.

A notre fille

A toi, notre enfant, notre ange.

Le 5 juin 2013, tu nous as quittés de ton plein gré, tu nous as abandonnés.

Il faisait très chaud et notre cœur était rempli de larmes.

Nous, tes parents, sommes anéantis par ton départ dont nous ne comprenons toujours pas les raisons, deux ans après.

Tout ce temps passé à attendre ton retour ne fait qu'accroître notre souffrance.

Tu viens d'avoir dix-neuf printemps et tu es déjà maman d'un petit Mounir que ne nous verrons certainement jamais.

Sache que nous t'attendrons indéfiniment. Tout nous rappelle ta présence, dans cette maison qui était notre refuge et notre bonheur à tous.

Je t'écris ces quelques mots pour te dire l'amour que nous avons pour notre petite fille partie trop tôt, en quête d'une liberté qui s'est avérée trompeuse.

Tu nous manques

Amour Léa

Remerciements

Ecrire ce livre m'a pris 15 mois, j'avais l'impression d'avoir une épée de Damoclès au-dessus de la tête ; sans l'aide de nombreuses personnes j'aurais été incapable de le finir.

Un grand merci à ma nièce Florine qui m'a apporté un magnifique soutien de grande preuve d'amour.

A mon fils qui me soutient discrètement, grâce auquel je suis toujours là.

A mon mari pour notre amour qui a su résister et résiste à toutes les épreuves.

A mes amis Christine, Leo, Patricia et Philippe.

Pour finir, j'aimerais remercier Sophie, qui a été l'éditeur idéal, Florence pour sa compréhension et pas seulement pendant l'écriture de ce livre et à Nathalie sans qui ce témoignage n'aurait pas été le même.

A tous les autres que je ne nomme pas et qui se reconnaîtront.

Liens utiles

Association Syrien ne bouge… agissons.
http://syriennebougeagissons.com/

Association de lutte contre la violence extrémiste (Belgique)
http://savebelgium.e-monsite.com/

Sites d'information du ministère français de l'Intérieur
http://www.interieur.gouv.fr/
http://www.stop-djihadisme.gouv.fr/

Rapport de la commission d'enquête du Sénat sur l'organisation et les moyens de la lutte contre les réseaux djihadistes en France et en Europe
http://www.senat.fr/notice-rapport/2014/r14-388-notice.html

Centre de recherche international sur la radicalisation

International Center for the Study of Radicalisation (site en anglais)
King's College, London
www.icsr.info

Entretien avec Olivier Roy

Politologue et spécialiste du monde musulman, Olivier Roy est professeur à l'Institut universitaire européen de Florence et auteur de plusieurs ouvrages. *L'Islam mondialisé* (2002) analyse le néo-fondamentalisme musulman comme un produit de la mondialisation et d'une occidentalisation mal vécue. *La Sainte Ignorance* (2008) montre que la crise des religions, dont témoigne la poussée fondamentaliste, vient d'une distinction croissante entre religion et culture(s). *En quête de l'Orient perdu* (2014) retrace l'itinéraire personnel de ce voyageur infatigable qui a sillonné l'Afghanistan, l'Iran et l'Asie centrale, et dont les regards restent tournés vers l'Orient.

Comment expliquer la force d'attraction des groupes Etat islamique et Al Nusra auprès de jeunes d'origine très diverse, notamment des jeunes

Européens ? Quels sont les « ingrédients » de ce cocktail ?

Le djihad fascine pour deux raisons : il promet l'utopie ou bien la mort. L'utopie c'est l'idée qu'on va enfin vivre dans la meilleure des sociétés possibles, celle qui réalise la justice sociale, la fraternité, le bonheur, simplement parce que l'ordre du monde sera devenu l'ordre de Dieu. La mort, c'est l'idée que l'utopie dans le fond n'est pas possible, ou bien qu'à la limite on s'y ennuiera. Et pour éviter cette épreuve du réel, autant choisir directement la mort. Le paradoxe est que la pensée utopiste est profondément nihiliste, et donc suicidaire, parce que pessimiste.

Cela attire des jeunes en quête d'absolu. Mais cette quête peut avoir des raisons extrêmement variées et ici on entre dans le mystère des trajectoires personnelles. Certains sont fascinés par la mort, d'autres par le besoin de se sacrifier à une cause, d'autre par l'action violente et la toute-puissance, par l'accès soudain à un statut de super-héros que leur offre le djihad. Beaucoup ne sont que des rebelles en quête d'une cause.

Que sait-on des programmes de déradicalisation mis en place dans certains pays pour les garçons et filles qui décident de rentrer ? Dans quel état sont ces jeunes à leur retour ? Est-ce qu'ils reprennent leurs esprits ?

Les programmes de déradicalisation sont fondés sur une idée simple : les jeunes ont fait l'objet d'un lavage de cerveau, ils ne savent pas ce qu'ils font et il faut les isoler pour les guérir. Je crois que cette vision est fausse, car elle exclut la sincérité ; malheureusement, beaucoup de jeunes qui partent sont sincères. Ils ne comprennent donc pas les efforts que leurs proches font pour les ramener à « la raison », ils voient cela comme un refus d'accepter leur liberté et leur choix. Les vrais déradicalisés sont ceux qui sont revenus d'un tel parcours après avoir compris par eux-mêmes et assumé leur choix. Aucun de ces « repentis », d'ailleurs, n'accuse d'autres qu'eux-mêmes.

Peut-on comparer, dans l'histoire, ce phénomène à un autre embrigadement ?

On peut comparer avec les mouvements de jeunes devenus sectaires et radicaux dans les années 1970, de la Bande à Baader aux Brigades Rouges. Le point commun c'est ce mélange d'enfants de bonne famille et de marginaux, qui s'installent dans une contre-société violente et utopique.

Embrigadée

Les jeunes Européens ne forment qu'une minorité des étrangers qui ont rejoint l'Irak et la Syrie. Seront-ils de plus en plus nombreux à l'avenir ? Ou bien pensez-vous que l'Etat islamique va recruter plutôt dans les pays d'Afrique, du Maghreb etc. ?

Nous ne sommes plus dans un clivage Occident/Orient, mais dans un espace globalisé. Les trajectoires individuelles des radicalisés en Occident et en Orient sont étrangement proches. Bien sûr le nombre de convertis est supérieur en Occident, parce qu'un jeune qui veut rejoindre la grande aventure du djihad doit se convertir, ce qui n'est pas le cas d'un Saoudien ou d'un Tadjik, supposés être déjà musulmans. Mais ces derniers connaissent en fait une forme voisine de conversion/rupture : on rompt avec son propre personnage, sa famille et son passé. Ce qui fait la force de Daesh, c'est qu'après la grande vague utopique des révolutions des années 1960 et 1970, il offre un mode de contestation de l'ordre établi qui est radical, global et articulé sur une révolte générationnelle, plus affective que vraiment politique ou religieuse.

Olivier ROY
Professor
Head of the Mediterranean Programme
Robert Schuman Centre for Advanced Studies
European University Institute

MIXTE
Papier issu de sources responsables
FSC® C003309
FSC
www.fsc.org

Composition et mise en pages
Nord Compo à Villeneuve-d'Ascq

Imprimé en Allemagne par
GGP Media GmbH
à Pößneck
en septembre 2015

Dépôt légal : septembre 2015